現代語訳 観無量寿経 阿弥陀経

浄土への誘い

高松信英

法藏館

現代語訳　観無量寿経・阿弥陀経――浄土への誘い――◉目次

I　現代語訳　観無量寿経

初めて『観無量寿経』に出会う人に――11

＊序分　教えはここで聞くのだ――26

証信序　聞こえた人が、真実を証明する　26

化前序　偉い人にはまだ聞こえない　26

発起序　真実が聞こえてくるまで　27

生活のもつれから始まる〈禁父縁〉

常識が役にたたなくなって〈禁母縁〉

真っ暗な、心のどん底に落ちて〈厭苦縁〉

やっと、聞こえる時が来た〈欣浄縁〉

まず、身近なことから見直そう〈散善顕行縁〉

修行は、私を見る鏡だった〈定善示観縁〉

＊正宗分　形にとらわれず、真実をむねとせよ――50

定善の教え　なぜ、精神統一の修行をせよと、教えられるのか　50

最近、沈み行く夕陽を見たことがあるか〈日想観〉

あわてずに、澄みきった水を鏡とせよ〈水想観〉

私の生活の大地はどこに〈地想観〉

枯れ木の林の中にいるのは誰〈宝樹観〉

流れのように、柔軟に〈宝池観〉
仮の幸福の家から、実の幸福の家へ〈宝楼観〉
眼を開け、輝く場所にいるではないか〈華座観〉
まず、お姿を拝み、そのこころを尋ねよ〈像観〉
明るい人生の根源は、目覚めた眼〈真身観〉
母の心こそ私のいのち〈観音観〉
父の心こそ私の光〈勢至観〉
狭い眼を閉じれば、もう明るい〈普観〉
世界中、私一人のための先生だ！〈雑想観〉

散善の教え　なぜ、良いことをせよと、勧められるのか　95

仏教を聞けばすぐわかり、実践できる〈上品上生〉
すぐわからないが、よく仏教を勉強する〈上品中生〉
よくわからないが、仏教は大事だと敬う〈上品下生〉
プロの求道者のように厳しく生活する〈中品上生〉
ときどき求道者のように自己研修する〈中品中生〉
人に迷惑をかけないように生活する〈中品下生〉
仏教には無関心、思い通りに生活する〈下品上生〉
仏教を無視し、欲望のままに生活する〈下品中生〉
他を傷つけ、自分も駄目にし、人生の裏街道を行く〈下品下生〉

韋提得忍　やっと仏道が皆のものに　120

＊流通分　南無阿弥陀仏の御名一つを伝えよ――121

Ⅱ　現代語訳　阿弥陀経

『阿弥陀経』に人生を問おうとする人に――127

＊序分　偉い人こそ聞かねばならない！――137

真実の人生は感動から始まる
真剣に人生を歩もうとする人が、教えを問う

＊正宗分　いつも聞法の原点に立て！――140

極楽浄土　形の背後に広がるこころを忘れていないか？　140

私たちには、極楽はまだ遙か彼方の世界なのだ
自分が苦しみの源をつくってはいないか
どんな人生にも素晴らしい意味があるのだ
天人も心からたたえる人生がある
雑音を聞かず、本当の声を聞け
教えの風に触れよ、生活に喜びが生まれる
狭い心の世界を打ち破る、広大な眼を知れ
眼を開け、生き生きとした友がいるではないか

衆生往生の因果　自分の能力・努力無効がわかっているか？　148

回りの人々はみんな大事な人ばかり
駄目な人は一人もいない

意味のある人生を歩め

諸仏の証誠・六方段　順境逆境すべて学習の場になっているか？ 150
若いときから教えを聞け〈東方世界〉
幸せなときこそ、人生の原点を忘れるな〈南方世界〉
人生の下り坂からが勝負〈西方世界〉
絶望のときこそ、明るい世界への最短距離〈北方世界〉
自分の足元を見よ〈下方世界〉
お前の幸せはまだ偽物〈上方世界〉

現当の利益　南無阿弥陀仏一つで生きられるか？ 156
生き生きとした人生は、教えを聞くことから

諸仏の互讃　聞こえない偉い人になってはいないか？ 158
目覚めた先輩の声を聞け

＊流通分　私に教えを聞く喜びがあるか？——160
生きる喜びの表現、合掌、礼拝

おわりに——161

Ⅰ　現代語訳　観無量寿経

装丁　廣瀬郁・本村園子

初めて『観無量寿経』に出会う人に

一語の真実の叫びは、千万の説明の言葉を破ります。説明は人の脳を動かす。叫びは人の中心を震わす。叫びにふれて心の動かぬ者にいくら説明してきかしたところがなるほどと合点するのみで、決して彼の心が動かぬのである。叫びに心動かぬ者に対して説明するは、詮のないことである。

暁烏 敏

厳しい言葉である。私たちは仏教を学んでいると思っている。だが実際には、千万の説明の言葉を聞き流しているだけではないのか。一度でも、一語の真実の叫びに心震えたことがあるだろうか。

古人は、「管を伝えて、曲を習わず」と教えられている。インドの偉大なる宗教家、釈尊の教えだから、きっとすばらしいものにちがいないと、経典をおしいただいても、その一言一句からほとばしりでる、目覚めた心の叫びに耳を傾けようとはせず、いつのまにか、その生きた言葉を、迷いの心の冷蔵庫に閉じ込めてしまってはいないだろうか。だから、その昔、中国の善導大師や、日本の法然上人が、「この教えなしには私の人生は無意味になってしまう」と、喜びにむせびながら、おしいただかれた『観無量寿経』をひもといても、何の感動、感激も湧いて来ないではないか。

教えを聞く、と言うことの出発点が間違っているようだ。たくさんの仏教用語をおぼえて偉くなったつもりになっていたり、自分の都合のいいように、教えを心の中に飾りたてて麻酔薬を飲んだように、うっとりと自己陶酔に耽《ふけ》ってはいないだろうか。私たちはいつのまにか、何も身につけていないのに、狡猾な詐欺師にだまされて、すばらしい衣装を身につけているものと思いこんでいた、あの「裸の王様」になっているのではなかろうか。

だが、有り難いことには、今から七百年の昔、親鸞さまは、この『観無量寿経』を、どのように受けとめたらよいか、という道案内をしてくださっていたのだ。親鸞さまの教えをひもといてみると、「おまえは、いつのまにか、とんでもない迷い道に踏み込んでいるぞ。早く出発点に戻って、出直しなさい。そうしないと、大事な人生が空しい一生に終わってしまいますよ」と、問いかけて下さっていることがよくわかる。

親鸞さまの言葉に耳を傾けて見よう。

謹んで化身土を顕さば、仏は『無量寿仏観経』の説のごとし、真身観の仏これなり。土は『観経』の浄土これなり。また『菩薩処胎経』等の説のごとし、すなわち懈慢界これなり。また『大無量寿経』の説のごとし、すなわち、疑城胎宮これなり。

『教行信証』化身土巻

（静かに、私たちが常識的に頭の中に描いている、極楽浄土とは何か、ということを考えてみると、その仏さまは、『観無量寿経』に教えられている、真身観の修行によって拝むことができる、光まばゆく輝いている仏さまに違いない。

その仏さまが住む世界もまた、『観無量寿経』に描かれている、美しく飾られた、夢のような所だと思うのであろう。だが、そのような、この世に実在する姿としてとらえられた極楽浄土は、『菩薩処胎経』では、そこにとどまると、あまりにも快いので、つい怠けて本当に明るい方向に歩もうとしない心の世界、と表現されているし、また『大無量寿経』にも、自分が真理を見いだしたと思い込んでいるために、あたかも母親の胎内から外へ出ようとしない子のように、すばらしい人生の一歩手前で足踏みする心の世界、と教えられている。）

私たちが今まで見て来たものは、いったい何だったのだろうか。経典は、私たちの思いもかけなかった心の世界から呼びかけてくる。その呼び声に気づくことなく、私たちはただその文字づらを眺めて、つまらないものだときめつけて、通り過ぎてきているのではなかろうか。

親鸞さまは、この絶好の機会を見過ごして通り過ぎようとしている私たちに、「そんなに急いでどこへ行こうとしているのか。おまえが見ている世界は、すべて懈慢界、疑城胎宮という迷い路にすぎない。さあ、たちどまって深く教えを尋ねて行きなさい」と教えられているのだ。親鸞さまは、続けて次のように説かれている。

しかるに濁世の群萠、穢悪の含識、いまし九十五種の邪道を出でて、半満、権実の法門に入るといえども、真なる者は、はなはだもって難く、実なる者は、はなはだもって希なり。偽なる者は、はなはだもって多く、虚なる者は、はなはだもって滋し。ここをもって釈迦牟尼仏、福徳蔵を顕説して群生海を誘引し、阿弥陀如来、本誓願を発してあまねく諸有海を化したまう。すでにして悲願います。「修諸功徳の願」と名づく、また「臨終現前の願」と名づく、また「現前導生の願」と名づく。また「来迎引接の願」と名づく、また「至心発願の願」と名づくべきなり。

『教行信証』化身土巻

（だが、この、濁りに濁った世に生きる人々、欲望にとらわれて右往左往していた人々が、ようやく見せかけの幸せは空しいことに気がついて、仏教に自分の生きる方向を問うようになっても、本当に自分をよみがえらせる真理にめぐりあうことは難しく、生き生きとした喜びの人生に目覚めた者はほとんどいないといっても、過言ではなかろう。自分こそ仏教の権威であるかのような顔をしている人は多くても、そのほとんどは見せかけだけであり、何もかもわかったようなつもりになっている人は多くても、そのほとんどが、にせものをつかんでいるのではなかろうか。

だからこそ釈尊は、『観無量寿経』をお説きになって、間違いなく真実の人生にたどりつく手立てを、私たちに明らかにされ、『大無量寿経』には、阿弥陀如来の第十九の願を顕わされて、『観無量寿経』とはどんな教えなのかということを、私たちにはっきりと教えて下さったのである。『観無量寿経』の心を現わす『大無量寿経』の第十九の願とは、私のような者を必ず目覚めさせずにはおかない、という明るい眼である。

この願を、「真面目に努力しさえすれば、だれでも必ず幸せになれるはずだと信ずる、常識の世界に留まっている者を、目覚めた世界に導かずにはおかない明るい眼」と呼ぶことができる。あるいは、「どんな修行に挑戦しても明るくなれないので、臨終に仏さまのお迎えを願わずにはいられない者を、目覚めさせずにはおかない明るい眼」とも呼ぶことができる。あるいはまた、「どちらを向いて歩めばよいか迷う者を、明るい世界に導かずにはおかない明るい眼」とも、「何をやっても真っ暗な方向に歩んで行く者を、手とり足とり明るい方向に、連れて行かずにはおかない明るい眼」とも呼ぶことができよう。あるいはまた、「一所懸命に目覚めようと努力する者を最後には必ず目覚めさせずにはおかない明るい眼」とも呼ぶことができる。）

どんなすばらしい真理を説く経典があっても、あたりまえの日常生活を続けている私たちが、さっぱりわからないようなものだったら、それは宝の持ちぐされ、何の意味も持たないではないか。どんな人でも必ず目覚めさせずにはおかない、という願いから生みだされた教えが、釈尊の仏教だったはずである。だが現実に私たちの前に形を見せている仏教なるものは、どうしてこんなに難しいのか。そう言うと、偉い人たちは、必ず次のように言うに違いない。「難しいとは何事だ。昔から皆がその難しい教えに挑戦して、険しい路を克服して、自分の人生を切り開いてきたではないか。わからないなどと言うのは、おまえが怠け者だからだ」と。そう言われれば、愚かな私たちは、理屈はその通りなのだから頭を下げるよりしかたがない。だがそれでは、特別な能力と強い意志を備えた人のほかは救いと無縁になってしまうではないか。

親鸞さまは、そういう時、「おまえは怠け者だからわからないのだ。努力すればだれでもできるはずだ」などとは説かれなかった。お弟子の唯円さまが、「教えを聞いても、どうしても喜びの心が湧いてきませんが」と尋ねた時、親鸞さまは、

親鸞もこの不審ありつるに、唯円房おなじこころにてありけり。『歎異抄』

(私もかねがねそう思っていたが、何だ、唯円房、おまえもそうだったのか。)

と、共感されているではないか。仏教は決して、特別な能力を備えたエリートのものではなく、どうしようもない駄目人間が救われて行く道なのだということを、親鸞さまは生涯叫び続けられたのである。

親鸞さまは、中国の善導大師や、直接の先生であった法然上人の導きにより、この『観無量寿経』にめぐりあうことができた。親鸞さまは、この経典について、仏教など大嫌いな人、仏教はまだ私には関係ないと思っている人、宗教には無関心で、真面目に

生活すれば必ず幸せになれると思いこんでいる人、そういうきわめて常識的な、当り前な暮らしをしている人のために説かれた経典なのだと、懇切丁寧に教えられているのである。

この経典は、決して一宗一派というような、狭い世界に閉じ込めておく教えではないのだ。この経典の名は『観無量寿経』。すなわち、どんな人でも生き生きと躍動する、はかりしれない命を持っている。その命を見失うと、私たちは毎日暗い顔で生活しなければならない。さあ、今こそ、私自身のすばらしい命にめぐりあおうではないか。『観無量寿経』は、暗い私の人生のともしびなのだから。

『観無量寿経』のあらまし

善導大師の道案内

親鸞さまは、先生の法然上人の導きによって、この『観無量寿経』を拝読する時には中国の浄土教の高僧、善導大師の『観無量寿経』の指南書『観無量寿経疏』をよりどころにされた。当時、善導大師以外の高僧たちは、この『観無量寿経』を、仏教のイロハも知らない駄目人間がまず最初にこの教えに親しんで修行し、心を磨き、やがてプロの求道者、聖者となってゆくための教科書だと考えていた。つまり高僧たちにとっては、この教えは、「駄目人間のための教え」であっても、「私のための教え」ではなかったのである。

ところが善導大師はひとり、この教えを学ぶものは、偉い人になるどころか、自分自身はどうにもならない駄目人間だということが骨身に染みて善く分かるようになり、南無阿弥陀仏にめぐりあわなければ、私たちが救われることは有り得ない、ということを明らかにされたのである。だから善導大師にとっては、「駄目人間のための教え」という意味は、そのまま「私のための教え」となった。法然上人や、親鸞さまは、この善導大師のお導きによって、「私のための『観無量寿経』」をいただかれたのである。この意訳も、基本的にはこの素晴らしい聞法の手ほどきに従わせていただいた。見出しに

〈 〉で表わしたのは、善導大師が使用された原語である。

序分について

釈尊のお経は、一、どのようにしてこの教えが説かれたか（序分）、二、この教えは何を説いたのか（正宗分）、三、この教えを後世に伝えよ（流通分）、の三つの部分で成り立っている。普通の経なら、二の本文（正宗分）が大事で、序分や流通分はつけたしのように思われるが、この『観無量寿経』にかぎって、最初の序分が決定的な意味を持つと教えられている。それはこの経が、私たちの日常生活を通して、目覚めた世界に導かれるという意味をもっているからである。

★証信序　お経は通常、「如是我聞」（このように私は聞きました）という決まり文句で始まる。仏教は、釈尊が筆を取って書かれたものではなく、お弟子たちが、感動して聞くことができた先生の言葉を後世に残されたものである。聞き書には説く人の野心が混じっていない。どんなに格好のよいことを述べても、聞く人が感激して受け止めなければ記録されないからである。野心に汚染されていないのが仏典の特徴である。

次に序分は、いつ、誰が（釈尊）、どこで、だれに、説かれたか、つまり、これは本当の釈尊の教えであるという証明（証信序）と、なぜこの教えが説かれたか（発起序）の二つからなる。ところがそんなことは当り前なので、特に証信序の部分などは、飛ばして読む人が多いのである。しかし善導大師は、序分の受け止め方が違っていた。善導大師は、この教えが釈尊の本当の教えだという証明は、最初の「如是我聞」で十分だ、と受け止められた。教えが真実かどうかという証明は、歴史的事実ではなくて、聞く人が本当に私のための教えとして感激して受け止めたかどうかにかかっていると、教えを聞く姿勢を教えられたのである。

★化前序　そして、通常の経典が決まり文句のように記す、釈尊が霊鷲山の上で、大勢のお弟子に説法をするという場面を、まだ教えが説かれていないのだ（化前序）とわざわざ表現されている。つまり本当にこの教えが聞こえてくるのは、いつものように聖者たちが集まっている山の上の研修道場ではなくて、次の発起序に示されている、生臭い一般俗人の日常生活なんですよ、と教えられているのだ。だから山の上の偉い人にはまだ教えは聞こえてきていない（化前序）と、名づけられたのである。

★発起序　この経の前書き（発起序）は、六節に分かれている。いわゆる有名な王舎城の悲劇と呼ばれるインドの王家のお家騒動が記されている。善導大師は、その六つの節の名に、縁という言葉を使われている。つまりただ事件が展開して行くその筋が大事なのではなくて、父親を閉じ込める、母親の自由を奪う、日常生活の破綻、というような一コマ一コマが、仏教とは何かをはっきりさせるための御縁なのだ、ということを教えておられるのだ。だから私たちはこの六つの御縁を通して、必ず考えたこともなかった自分自身の生きざまが問題になってくるのである。日常生活の問題を通して宗教生活への眼を開いていく絶好の教えである、ということから「現代の聖典」として親しまれるようになったということがよく分かるに違いない。

正宗分について

序分の教えによって、阿弥陀如来に出会うということが、常識の世界で考えていたことと大きく違うということに気づいたならば、この本文の教えについても、表面に語られている言葉にとらわれているわけにはいかない。善導大師は、この教えには、顕（表面に形として表わされている教え）と隠（表面だけ見ていては分からない阿弥陀如来の本当の願い）があるのだ、と教えられている。

★定善（精神統一）の教え　善導大師以前の高僧たちの『観無量寿経』解釈は、仏道修行の本筋は、雑念に惑わされず、精神統一の修行を成し遂げて聖者になる、ということであった。そのために『観無量寿経』は究極的には、この定善十三観という形で示される精神統一の方法を教えたものである、というのが常識であった。ところが善導大師は、私たちがこの教えのように真剣に修行すればするほど、私たちは精神統一どころか、雑念に心乱される駄目人間だということが骨身に染みてよく分かる、と告白された。つまり阿弥陀如来の本音は、この教えによって、自分の偽らざる姿をはっきり知るがよい、というところにあるのだ、と教えられているのだ。仏教の勉強は物知りになることではなくて、自己を知るということだ、ということを忘れないようにしたいものである。

★散善（善いことをせよ、悪いことをするな）の教え　精神統一の修行が仏道だ、という解釈に立つ人たちは、その修行ができない心乱れる駄目人間は、まず人間を作る道徳の修行を積み重ねて、聖者の仲間入りをして、その上で精神統一の修行に挑むがよい、と考えた。その聖者になるための予備校の学習として、人間の能力を九段階に分けて、それぞれの能力に応じた修行の方法、散善の教えが説かれている、と主張した。ところが善導大師は、阿弥陀如来の本音は、この道徳の修行を実践すればするほど、自分の力で目覚めることができると思い上がっていた自分自身の姿がはっきりしてきて、最後には、南無阿弥陀仏の教えが私一人のために与えられていたことがよくわかった、と感動されているのである。

流通分について

私たちは、この教えがプロの坊さんのための教えではなくて、当り前の日常生活を通して人生の大事を知る、私のための仏教だということを、この『観無量寿経』の聴衆の一人となって、深く嚙みしめ、生き生きとした人生の出発点に立って、私に与えられた南無阿弥陀仏の御名を尋ねていきたいと思う。

＊序分　教えはここで聞くのだ

証信序　聞こえた人が、真実を証明する

私は今、こんなすばらしい教えにめぐりあうことができました。（如是我聞）

化前序　偉い人にはまだ聞こえない

いつものように、釈尊は、摩竭陀《まかだ》国の首都、王舎城郊外の聖者たちの修行道場、霊鷲山《りようじゆせん》で教えを説こうとしておられた。そこには、偉大な目覚めたお方、釈尊のようになろうと、日夜努力を重ねていた千二百五十人のお弟子たちが、今日はどんなすばらしい教えにめぐりあえるだろうかと、胸をときめかせて待ち構えていた。いや、それだけで

はない。自分一人が努力して釈尊のような聖者になる、ということに満足せず、自分はどうなってもよいから、世の下積みとなっても悩み苦しむ人々をよみがえらせずにはおかないと誓う、文殊菩薩を始めとする三万二千人もの菩薩たちが、目覚めた人の本当の精神を明らかにしようと、時代や場所を超越して、釈尊に真剣な眼を向けていたのである。

発起序　真実が聞こえてくるまで

生活のもつれから始まる〈禁父縁〉

ところがその頃、山の麓の王舎城の宮殿に、思いもかけない大事件がおこっていたのである。摩竭陀《まかだ》国の支配者、頻婆沙羅《びんばしゃら》王の子、阿闍世《あじゃせ》王子は、かねてから釈尊の従兄弟で優れた才能を備えていた、提婆達多《だいばだった》を師と仰いでいた。その提婆が事もあろうに、幼少の頃からのライバルであった釈尊が、世の人々の敬愛の的になっていることに耐えきれなくなり、その釈尊を失脚させようとし、そのためにはまず、その教団を支援、保護していた権力者、頻婆沙羅王を亡きものにしようとたくらみ、阿闍世王子をそそのかして、クーデターをひきおこした。提婆の言葉を心から信じきっていた阿闍世王子は、父の王を捕え、厳重に七重の塀に囲まれた牢獄に閉じ込め、誰一人として近づくことを許さなかった。

頻婆沙羅王の妃、韋提希《いだいけ》夫人は、夫と我が子との争いを悲しみ、間に入って何とか二人の仲を取り戻そうと努力したが、提婆の言葉を盲信した阿闍世王子の心は固く閉ざされ、事態はなかなか打開しそうもなかった。そこで賢夫人、韋提希は、やがて我が子が思い直してくれる日がきっとやってくることを信じて、そうなった時に父の王が亡くなっていたら、我が子は生涯父を殺害したことを悔やまねばならなくなる、という思いやりから、その日のために自分を犠牲にしても頻婆沙羅王を守りぬこうと、心に誓った。

そこでまず、愛する夫のために身体を清め、牛乳と蜂蜜にパンを溶かして身体中に塗り、首飾りの玉の中にぶどうの汁を満たし、それを隠し持って牢獄におもむき、我が子阿闍世王子の命令だと偽り、門番に扉を開かせ、牢内に食物を運び込んだのである。頻婆沙羅王はそのとき、遙《はる》か霊鷲山におられる釈尊に向かって両手を合わせ、礼拝して願うのであった。「釈尊よ、あなたのお弟子、目連尊者は、昔から私の悩みを解いてくださるすばらしい友人でした。私は今、どうすることもできない困った問題にぶつかっています。できれば今すぐにでも目連尊者をここにお遣わし下さって、どんな境遇の中でも強く生きていける修行法を、授けてください」と。

その願いは、韋提希夫人を通じてすぐさま釈尊のもとに伝えられた。出家者は、世俗の法に束縛されない、という特権が認められていたので、目連《もくれん》尊者は、あたかも鷹や隼が、自由自在に空を駆けめぐるようにやって来て、門番に扉を開かせて、王に面会したのである。そして頻婆沙羅王に、逆境に打ち勝つ厳しい修行を教えるのであった。だが釈尊の明るい眼を通して見ると、それはちょうど、悲しいことに出会った者が、酒を飲んで忘れようとするのと同じで、王の一時的な気休めにすぎず、一度酔いが覚めるならば、振り出しに戻るに違いなかった。そこで釈尊は、これは頻婆沙羅王にとっては全く思いもかけぬことであったが、釈尊の教えを誰にでもよくわかるように説くことができる、富楼那《ふるな》尊者を派遣して、教えを自分の都合のよいように解釈してはならないということを、丁寧に王に教えられた。

このようにして三週間が過ぎた。王は、韋提希夫人が運んでくれた食物によって、身体の健康を維持し、富楼那尊者の教えを受けて、精神の健康を保つことができたので、その顔は明るく生き生きと輝いていた。

常識が役にたたなくなって〈禁母縁〉

さて、阿闍世王子は、「自分を殺そうとした父王頻婆沙羅は許すことはできない、餓死しても当然だ」と怒り狂い、「誰も牢獄の中に入るな。食事など与えてはならぬ」と家臣たちに命じていたが、それでもなぜか心に懸かり、「父の王はまだ生きておられるのか」と尋ねずにはいられなかった。ところが、門番の口から、考えてもみなかった言い訳の言葉が帰ってきた。「大王よ。あなたさまの母君、韋提希さまは、毎日あなたさまの命令だと言われては、お身体に食物を塗り隠し、首飾りの中にぶどうの汁を入れて、王に差し入れなさっています。私たちは、あなたさまの命令だと言われれば、どうして叛くことができましょうか。それに、目連尊者、富楼那尊者のお二方が王に面会を求めてやって来られます。道を求める聖者たちの行動を、私のような者が、勝手にお止めするわけにはまいりません」と。

阿闍世王子は、この言葉を聞いて、烈火のごとく怒り狂い、門番を今すぐにも殺してやりたい気持ちに襲われた。だが門番に手を出す訳にはいかなかった。なぜならば、たとえ言い訳にせよ門番は、王である自分の命令に従って、母を牢獄に通し、国法によって出家者を迎え入れた、と主張している。だからその門番を罰することは、家臣たちは王の命令に従わなくてもよい、国法を守らなくてもよいと、王自ら宣言するようなものではないか。それではクーデター直後の不安定な王の立場を一層窮地に追い込むことになりかねない。怒りのはけ口のなくなった阿闍世王子は、自分の立場に傷がつかずに、やりきれない気持ちを発散する方向に眼を向けていく。

王は叫ぶ。「わが母、韋提希こそ許すことのできない大罪人だ。あんな女はもうわが母とはいえない。なぜならば、王である私を裏切って、悪党の前王とぐるになっているからだ。それにあの出家どもこそ大悪人だ。出家者たる者は、国の政治に口を出してはならないと、国法に定められているではないか。それなのに怪しいおまじないを使って、あの悪王を今まで生かしておくなどということは、絶対に許せない！」と。

怒り狂った阿闍世王子は、すぐさま、母、韋提希を呼び出して、腰の剣を取って一気に殺そうとした。するとそのとき、今まで黙って阿闍世王子に従って来た、王子の頭脳ともいうべき側近の月光大臣が、阿闍世王子の義理の兄で医術に優れた耆婆大臣とともに、王の前に進み出で《い》、頭を下げて静かに次のように諫《いまし》めるのであった。

「大王よ、国の政治史をひもといてみましても、大昔から今まで、世のため、国のためにならない王が現われて、自分勝手な政治を行なったために、その子の王子に殺害された例は、実に一万八千件にものぼっています。だがこれは、国のため人民のために、やむをえずなされた正しい行ないですから、たとえ親殺しであっても、この世では許されるのです。ところが、今あなたさまは、母君を殺そうとなさっています。国王として母君を殺さなければならない理由など全くありません。そんな筋の通らない不法な行いは、いまだかつて聞いたことがございません。もしあなたさまが、そんなことを平気でなさるならば、間違いなくあなたさまの人格に傷がつきます。そんなことを大臣である私どもが、見て見ぬふりをするわけにはまいりません。それでもどうしても母君を殺そうとなさるのなら、もうあなたさまは人間ではありません。そんな人間らしい心のないような人に、私どもはお仕えする訳にはまいりません。」

二人の大臣は、そう言い終わると、剣に手をかけて身構えながら、王を見捨てて出て行こうとした。阿闍世王子は、自分の片腕として信頼しきっていた大臣たちの思いがけない反抗に恐れおののき、肉親の耆婆大臣に向かって、「頼むから私を見捨てないでくれ」と、懇願するのだった。耆婆大臣は、王に向かい、「私たちは、あなたさまに恨みがあるわけではありません。どうぞ母君を殺すというような、非人間的な無茶苦茶な行ないだけはつつしんでください」と、心から忠告するのだった。

さすがに身に応えた阿闍世王子は、「私が悪かった」と、涙を流してあやまり、今まで通りの助力を請い、剣を収めて母を殺害することだけは思いとどまった。しかし母に対する感情が変わったわけではない。だから家臣に言い付けて、韋提希夫人が、二度と頻婆沙羅王に近づけないように、母を宮殿の奥深くに見張りをつけて、閉じこめてしまったのである。

真っ暗な、心のどん底に落ちて〈厭苦縁〉

さて韋提希夫人は、自分の善意でやったことがすべて裏目に出て、夫を助けるどころか自分まで自由を奪われて、わが子と断絶状態に陥り、気持ちが動転していた。今までは世間をよく知らない息子と、運の悪い夫との人間関係のもつれだったのだから、間に立つ自分さえしっかりしていれば、必ずいつかは和解してくれる日がやってくるはずだ、と思いこんでいたのに、今まで一度も狂ったことのない賢夫人の計算が、一瞬のうちに不能となり、生まれてから今までに味わったことのない、絶望のどん底に突き落とされてしまったからである。

ところがその時、韋提希夫人は……これは本当に不思議なことだ、としか言いようがないが……ふだんは考えてもみなかった、あの釈尊の生き生きとしたお姿を思い出したのである。自分が国のお妃として何でも思いのままになるような気がしていた時には、気にもとめなかったお方なのに、どうしたことか、今の韋提希にとっては、どうしても手を合わせて願わずにはいられないお方になっていた。「偉大なる目覚めたお方よ、お釈迦さま、あなたは以前、この私のために、いつも親切なお弟子の阿難尊者をお遣わしになり、私に目覚め行く道を教えてくださいました。それなのに今私は、夫を助けることも、子供を改心させることもできない、あわれな無力な姿となりました。これでは居ても立ってもいられません。なんとかできないものでしょうか。でもこんな所にあなたさまのお越しを願うのは、とても恐れ多いことでございますから、いつものように、目連尊者と、阿難尊者のお二人を私のためにお遣わし願いとうございます。」

韋提希夫人は、今まで他人に見せたことのない涙を眼にいっぱい浮かべて、釈尊に願うのであった。その真剣な姿は側近の者の心を動かし、願いはただちに霊鷲山の釈尊の元に伝えられた。釈尊の眼がきらりと輝く。今こそ大事な時だ、と直感された釈尊は、驚くべき速さで、目連、阿難の二尊者を韋提希夫人のもとに派遣された。

だが、救われるということは、本当に思いがけないことなのだ。韋提希夫人が、これで私は救われるはずだ、と考えていたようなものは、すべて見せかけの応急処置にすぎなかった。韋提希夫人は、今はじめて我が身を問うようになった。こんな大事なときに、応急処置などでごまかしていたら、人生における千載一遇のチャンスを逸してしまうではないか。これは韋提希夫人一人だけの問題ではないのだ。全人類が目覚めることができるかどうか、という一大事がかかっているのだ。ぐずぐずしているわけにはいかない。山の上の説法など全部放り出して、釈尊は、ただちに自ら韋提希夫人のもとに急ぐ……。

韋提希夫人はびっくりした。釈尊が来られたからではない。今日の釈尊は、いつも遠くから眺めていた釈尊とは違うのだ。その全身から紫金色の光が放たれたかのように、生き生きと輝いておられるではないか。釈尊は、いつものように無一文の質素な姿をしておられるのに、韋提希夫人の眼には、どうしたことか、今日は泥中に花開くけがれなき蓮の花のように見えるのだ。

しかもその左に立っている目連尊者は、いつもと違って、「あなたのような自信過剰の女には絶対に救われる道などないぞ」という厳しい眼を向けておられるように感じられ、釈尊の右に立っている阿難尊者も、「あなたはひどい目に会ったと思っているようだが、本当はそういう目に会ってかえってよかったんだよ」と、同情してくれるどころか微笑んでおられるではないか。それどころか、こうなったらどんなにすばらしいかと、韋提希が願っていた理想の境遇に安住しているはずの天人たちまで、「あなたの思い通りになることがあなたの救いではないぞ、あの釈尊の目覚めた世界にこそ、本当の問題解決の道が開かれているのだ」と、心から釈尊のお姿をほめたたえているではないか。

だが今の韋提希は、まだ、どうして私の願いをすぐにかなえてくれないのかと、自分の境遇を嘆くばかりであった。だから一度釈尊の輝くお姿を見たとき、驚いたことにはあの賢夫人韋提希が、あたかも他人の前では一所懸命にこらえていても、母親の前に出ると、安心してふくれたり、泣きわめいたりする子供のようになって、国の大夫人としての見栄も外聞もおかまいなしに、首飾りをひきちぎり、身を投げ出して悶え泣き崩れるのであった。その口に出た言葉は、何と、地獄の石臼で身体を粉々に挽きつぶされるかのような、悲痛なうめき声であった。

「世尊よ、一体この私がどんな悪いことをしたというのですか。私は何も悪いことをした覚えがないのに、どうしてこんなに親不孝な息子を持たなければならないのでしょうか。しかもあなたさまは、すべての人々を救おうとなさる、目覚めたお方ではありませんか。そのあなたさまがこともあろうに、なぜ私の息子をそそのかして悪者にしてしまった、あの憎むべき提婆達多と血のつながりなどあるのですか」と、答えのあるはずのない愚痴が、あとからあとから韋提希の口にでてくるのであった。

やっと、聞こえる時が来た〈欣浄縁〉

釈尊は、ただじっと黙って、韋提希夫人を見守るだけであった。だがその釈尊の沈黙の中に、韋提希の心は、今まで「私がこんなひどい目に会ったのは、あの人のせいだ、あの時ああなっていさえすれば、こんなにみじめなことにならないで済んだのに」というように、苦悩の原因を外へ外へと求めていたのが、少しずつ落ち着きを取り戻し、いつのまにか、その苦しみの源は、ひょっとしたら自分の足元にあるのではないかと、気づき始めていた。

「世尊よ、私のようにひどい目に会いながら、しかも悲しまなくてもよい人生、悩まなくてもよい人生があるのなら、どうぞ今すぐ教えてください。私はその道を歩みたいと思います。嫌《いや》なことがあとからあとから出てきて、私を悩ませ苦しめる、こんな濁りきった世界に私はもう住みたくありません。今の私の世界は、嫌なことにぶつかると、その原因をすべて他人のせいにし、あいつは針の山へでも行けばよい、あいつは血の海へでも沈めばよいと、悩み呪う地獄の道。朝から晩までああなれば幸せだ、こうなれば幸せだと、自分だけの幸せを願い、それが手に入ると、すぐに色褪《あ》せてしまって、また何か別のものを追いまわさなければならない、慢性欲求不満の餓鬼の道。さらに、やらなくてもよいことをやっては後悔し、言わなくてもよいことを言っては紛争の種をつくり、考えなくてもよいことを考えては悩み苦しむ、畜生の道の他には何もありません。私のどこを探しても清らかな心などありません。私はもう私を悩ます声など聞きたくありません。私を苦しめる人など見たくはありません。どうか光輝く目覚めたお方よ、この世界があなたさまのように、清らかな、光輝く喜びの世界となる道を私に教えてください。」

そのとき、突然、生き生きと輝く釈尊のお顔の上に、韋提希夫人は、今まで当り前だと思っていた自分の生活のひとこまひとこまが、明るく躍動している姿として映っていることに気がついた。つい先ごろまで、あらゆるものが色褪せて見えていたのに、それらが一度に生き生きと踊りだしたのだ。さっきと別に状況は少しも変わっていないのに、釈尊のおそばにいるだけで、今までつまらない生活だと思っていたものが、皆よみがえってくるではないか。それはあたかも釈尊の眉間から明るい光が放たれ、それがあらゆるものをよみがえらせ、その光が再び釈尊の頭上に集まって清らかな山のように広がり、澄んだ鏡のようにあらゆるものの生き生きとした姿を映しだしているように見えるのだった。

韋提希は、今まで自分がやってきたことは、すべて無駄であったと嘆いていたが、この光の世界では、その一つ一つの悲しい体験が、実は七つの宝で飾られたような、すばらしい意味を持つ私の学習の場であったことがわかってきた。あるいは今まで、なぜ私だけこんなみじめな目に会わなければならないのだろうと、世を呪い、人を恨んでいた私の境遇が、実は釈尊の清らかな蓮の花のような生活を、一層すばらしいものであることを浮彫りにする役割を果たす泥沼、つまりその泥沼がなかったならば、決して生き生きとした明るい世界にめぐりあうことがなかったであろうという、大事な場所に見えてくるのだった。あるいは、家臣たちに見張られて暮らしている、このうえなく不自由な暗い屈辱的な毎日が、この光の世界では、今まで嫌なやつだと思っていたまわりの人々が、実は皆私の人生を飾ってくれる大事な人であり、この窮屈な陰気な部屋までが、私一人のために用意された、自由自在に楽しむことのできる天人の宮殿のように見えてくるのだった。さらに、あたかも透き通った水晶の鏡を見るように、自分の心が映し出されると、今までわからずやの大悪党のように憎んでいた人たちまで、もし私があの人の立場に立っていたならば、きっと同じことをしでかしたに違いないと、心からうなずけるような気持ちさえしてくるのだった。

このようなすばらしい光景が、韋提希夫人の眼の前にはっきりと現われてくるのだった。その思いがけない光の世界を見ることのできた韋提希夫人は、すぐさま釈尊に申しあげるのだった。

「世尊よ。本当にすばらしい世界を見せていただきました。でも私は、自分だけが喜んでいるわけにはまいりません。私はどうしても、自分はどうなってもよいから、暗い毎日を嘆く者をよみがえらせずにはおかぬと願う、すべての清らかな世界の源ともいうべき阿弥陀如来の明るい眼《まなこ》の世界に生きたいと思います。でもそのために私はどうすればよいのか、私のような愚か者にはよくわかりません。どうぞ阿弥陀如来の世界に生まれてゆく手立てと、その究極の境地を教えてください。」

まず、身近なことから見直そう〈散善顕行縁〉

その時、釈尊は、はじめてにっこりと微笑《ほほえ》まれた。なぜかと言えば、釈尊は、長い間ただこの時を心待ちに待っておられたからだ。この韋提希夫人の問が生まれなければ、釈尊といえども、駄目な人など一人もいないという阿弥陀如来の眼の世界を、はっきりと説き明かすなどということはできなかったに違いないのだ。

「韋提希よ、よくぞ気がついてくれた」という釈尊の喜びは、ただちにすばらしい働きとなって躍動しはじめた。それは韋提希のように、仏教に初めてめぐりあう人だけではなく、自分の努力によって聖者となり、目覚めた人になろうとする者まで包みこむ力を持っていた。自信過剰の人もいる。絶望のどん底にいる人もいる。その人たちみんなが韋提希のように自分の愚かさを知るまでには、目覚めた人たちのさまざまな導きが無ければならない。

韋提希夫人はその時、釈尊の口から五色の光が発せられたかのように、今まで熱心に仏道を求めていた人たちにまで「そなたたちのちっぽけな努力などで、目覚めることなどできるはずがないではないか」と、厳しい眼が注がれているのに気がついた。その光は、牢獄の中の頻婆沙羅王のもとにまで届けられ、不自由な身を嘆いていた大王も、この釈尊のお導きによって、私の人生はこれで十分であったと、心なごむのであった。

その時、初めて釈尊は口を開かれた。「韋提希よ、この世の聖者たちが命がけで修行を積んでも目覚めることはできないのだから、そなたはきっと、私のような者には阿弥陀如来の世界は手の届かない遠い遠い所だ、と思うかもしれないが、それはとんでもない心得違いだ。聖者たちにとっては、確かに遠い所に違いないが、いまのそなたにとっては、阿弥陀如来の世界は、すぐそこにあるのだ。さあただ一筋に、あのすばらしい生き生きとした清らかな境地を完成されたお方を尋ねるがよい。

だが急にそのように教えても、そなたは戸惑うかもしれない。だから私は、そなたのためにできるだけわかりやすく、日常の生活を素材にして、どういうことに気がつけばよいのか教えてあげよう。これは決してそなた一人のためではなく、運命の暗さを嘆く未来のすべての人が、どうしてもこのままの人生では死んでも死にきれない、だから本当に明るい境地を見つけたい、と真剣に道を問う時、間違いなく生き生きとした阿弥陀如来の世界によみがえらせるためでもあるのだ。

阿弥陀如来の世界に生まれようと思う者は、決して難しい修行に取り組む必要はないのだ。まずそなたたちが、子供の頃から耳にたこができるくらいに聞かされてきた、親孝行しなさい、目上の人を敬いなさい、生き物を殺してはならないというような、簡単に見えることから真剣に取り組むがよい。……」

韋提希夫人はこの教えを聞いていると、子供や夫のことばかりに夢中になっていて、自分を生み育て、本当に人間らしく明るく生きて行けよ、と願いをかけている親の心をすっかり忘れている自分に気がついた。一番の親不孝とは、ほかならぬ私自身のことではないか！　また家臣や子供に対して、王妃である私を敬わないといってその非を責めていたが、ひるがえって自分はどうなのか。先生の目連尊者や、阿難尊者を、表面的には敬っているかのように振る舞っていても、実は自分の都合の良いように利用していただけではないのか。さらにまわりの人々には、生き物をかわいがりなさい、殺生をするな、と教えてきたが、自分はどうか。他人に生き物を殺させておいて、それを当然の権利であるかのように食べて、しかも自分は虫一匹殺したことのない模範生であるかのような顔をして生きて来ているではないか。……

釈尊は語り続ける。「盗むな、嘘をつくな!」……この何でもないあたりまえの教えが、今日の韋提希夫人にとっては、あたかも鋭い刃物で突き刺されるように響いてくるではないか。……

「次に目覚めた人と、その教えに従い、道を求める仲間を大切にせよ。怠惰な生活に流されず、いつも自分を省みることを忘れないように。さらに、自分の都合の良いように生活したいという心を反省し、皆の踏み台になるように努力せよ。もし不平不満があるならば、その種は必ず自分が蒔いていることを知れ。自分はどうなってもよいから、まわりの人々をよみがえらせようという大乗の教えに親しみ、迷い悩む人々を導くがよい。これらの行ないは、すべて、醜い野心に汚染されることのない清らかな行ないなのだ。」

修行は、私を見る鏡だった〈定善示観縁〉

釈尊は、韋提希夫人が、自分の努力で阿弥陀如来の世界に眼を開くなどということは絶対に不可能だと、ようやく身にしみてわかった姿をご覧になって、やっとすべての人々の本当の救いを説く絶好の機会がやってきたと喜ばれ、この教えこそ心して聞き、後の世に伝えよと、阿難尊者をお呼びになり、韋提希夫人と共に聞くように命ぜられた。

さあ、これから話すことは、絶対に聞き漏らしてはならない。よくよく心に刻みつけておくがよい。私は今、目覚めた明るい眼を通して、これから遠い遠い後の世にいたるまで、いつも自分の都合のよいようにしたい、いやなことから逃げ出したいという、狭い心の世界で悩み苦しまなければならない愚か者のために、清らかな、生き生きとした生活を説くことにしよう。韋提希よ、そなたは本当にすばらしい問いをおこしてくれた。このことにそなたが気がつかなかったら、私は自分の納得のいくように、本当に世の人々に訴えたいことを的確に表現できずに終わってしまったかもしれないのだ。だからこそ阿難よ、そなたはどんな困難をも克服して、この教えをすべての人々に伝えるがよい。

さあ、今こそ私は、目覚めた明るい眼を通して、韋提希を始めとする、これからこの世に生きていかなければならないすべての者のために、誰でも必ず帰らなければ落ち着くことのできない、あの夕陽の沈み行く安らぎの方向、阿弥陀如来の明るい喜びの境地を体験できるように教えてあげよう。これはたとえどんなに頭のよい人であっても、自分の都合でしか世の中を見ることのできない、常識の眼にしがみついているかぎり、いかに努力したとて見えるはずがない世界なのだ。しかし今目覚めた眼にめぐりあうことができたそなたは、その清らかな境地が、あたかも澄みきった明るい鏡のようになって、今まで考えてもみなかった自分の姿を映しだし、この上なく明るい人生を体験するに違いない。そのゆえに喜びが身体中に満ち満ちて、二度と見せかけの楽しみにふりまわされることはなくなるであろう。

釈尊は、さらに韋提希に向かって説かれた。「そなたは、放っておかれれば、目先きの幸不幸にふりまわされて一喜一憂し、自分の都合でしか物事を見ることができない愚か者だ、ということが身にしみてわかったであろう。そなたは今、狭い常識の眼に囚われているから、この世界の本当の姿をとらえる働きを身に備えていない。だから自分を大きな眼で見ることができないのだ。だが心配することはない。そなたを目覚めさせずにはおかないと誓う目覚めた眼は、どんな手段を用いても、必ずそなたにすばらしい目覚めた世界を体験させるに違いない。」

この言葉を聞いた韋提希は、感激のあまり、釈尊に向かって申しあげずにはいられなかった。「世尊よ。こんな愚かな私が、目覚めた眼のお導きで、明るい世界を体験できるなどとは、思ってもみませんでした。でも私自身はあなたさまに幸運にもめぐりあうことができましたが、世尊なきあと、この世に生きなければならない人々は、どんなに努力したとて、欲望の眼にふりまわされて、苦しみ悩まなければならないでしょう。その人たちは、一体どうすれば阿弥陀如来の明るい世界を体験することができるでしょうか。」

＊正宗分　形にとらわれず、真実をむねとせよ

定善の教え　なぜ、精神統一の修行をせよと、教えられるのか

最近、沈み行く夕陽を見たことがあるか〈日想観〉

釈尊は教えられた。

韋提希よ、そしてそなたと同じように阿弥陀如来の明るい世界を願う者よ。そなたたちはいつも目先の幸不幸にふりまわされて、朝から晩まで右往左往するばかりで、何一つこれこそ私の人生だと、胸を張って叫ぶことのできる充実感がないではないか。

さあ、まわりをキョロキョロ眺めずに、落ち着いて私たちの心の故郷、西の方向に向かうがよい。そのためには今どうすればよいのだろうか。だれでも生まれた時から眼の見えない人でないかぎり、西方に沈み行く夕陽を心に思い浮かべることができるであろ

う。その夕陽を心に描き、差別なくだれもが家路に急ぐ西の方向に正しく向かい座るがよい。はっきりとその姿が見えるまで心を集中し、余計なことを考えないようにしなさい。陽が沈もうとして、空から鼓《つづみ》を下げたような姿を、しっかりと捉えて、眼を閉じて特別な修行を積む時も、眼を開いて日常の仕事に取り組む時も、その姿がありありと見えるまで続けるがよい。

これを日想観の修行と名づけ、第一の精神統一の方法と呼ぼう。……そなたたちは、毎日、もうかった、損したと、目先の楽しみを追いかけて、忙しく動きまわっている中で、幼い日に遊び疲れて家に帰る時に見た、あの美しい入り日の光景を、いつのまにか忘れてしまってはいないだろうか。本当に人間らしく生きる道を、知らず知らずのうちに踏みはずして、他人に打ち勝って偉い人になることばかり考え、心の故郷に背を向けて、幻を追う東の方向に、突っ走っているのは一体誰なのであろうか。

あわてずに、澄みきった水を鏡とせよ〈水想観〉

次に、たらいになみなみと水を満たし、その水面を心に思い浮かべるがよい。ぐらぐら揺れている水の表面がだんだん静かになり、やがて清らかに澄みわたる姿を、眼を閉じて特別な修行を積む時も、眼を開いて日常の生活に取り組む時も、明らかに心に思い浮かべられるまで続けるがよい。……

そなたはいつも回りの人たちの感情の揺れ動く姿にこだわって、良い人だ、悪い人だと批判し、相手を傷つけ、自分も嫌な思いをしているのではないか。揺れ動く心の向こうに広がる静かな世界を、なぜ見ようとしないのか。そのことがわかったならば、次にその水が凍った姿を思い浮かべよ。透き通る氷の姿を思い浮かべ、あの曇りなき光を放ち輝く瑠璃《るり》の大地が見えてくるまで続けるがよい。瑠璃の大地は清らかに澄みわたり、内も外もキラキラ輝きあっているではないか。……

そなたたちの自分本位の眼で見るならば、どう見てもこの世はでこぼこで、不公平きわまりなく、人の心は外見は美しく見えても、その中身は濁りに濁り、昨日は心から信頼することができた仏のような人が、今日は一転して鬼のような心の持ち主に変わり、思いもかけなかったどん底の境遇に追いやられて、正直者は馬鹿を見る。そういうことを嘆く姿が絶えないではないか。大きな眼をあけて見るがよい。瑠璃の大地はダイヤモンドや、七つの宝珠に飾られたような、しっかりした旗の柱に支えられているではないか。……

そなたは今までどんな柱にもたれて生活してきたのであろうか。そなたの住む世界は、すべて、自分の思い通りにしたい、嫌なことから逃げ出したいという、表面だけとりつくろって中身はからっぽの柱に支えられているのではないか。そんな見せかけの幸せを依り所にしていると、いつ何時真っ暗な人生に突き落とされるかわからないではないか。それなのになぜそなたはそんなにせものの飾りにいつまでもしがみついているのであろうか。

この旗の柱を見るがよい。四方八方どちらから見ても、そなたのような愚か者に正しく向かいあっており、その一つ一つの面は、だれでも憧れる百の宝珠で飾られているような輝きに彩られているではないか。その宝珠の一つ一つは、あたかも一千の光がほとばしりでるかのように、どんな頑《かたく》なな暗い心をもときほぐし、さらにその一つ一つの光が、それぞれどんな苦悩にふりまわされている者でも、必ずよみがえらせようと、八万四千の特色ある教えとなって、私たちに働きかけておられるではないか。その光が瑠璃の大地に映ると、あたかも何千何億の太陽が一度に輝いたようにあまりのすばらしさに、ただ頭が下がるのみである。そこにはもう、私たちが信じるとか、信じないとか言う小理屈など、全く問題にならないのだ。そなたの世界では、自分が正しいということを主張するならば、他と争って勝たなければならないのであろう。勝っても負けても、そこには憎しみの雲が渦巻き、いつまでも暗さが尾を引くであろう。この瑠璃色に輝く大地の上には、あたかも黄金の縄で仕切った七つの宝珠で飾られたような道が交わり、しかもそれらの道を歩む者が、どの道が正しい、どの道が間違っている、などと争う必要が全くないのだ。みんな自分の目標に向かって、整然と歩みを運び、お互いにぶつかって行き詰まるなどということはありえないのだ。

その一つ一つの宝珠は、あたかも五百の光が輝くように、それぞれがすばらしい個性を発揮しているのにもかかわらず、その光が花びらのように調和を保ち、どの教えが優れているとか、劣っているとか、論争する必要などさらさらないのである。それはまた、夜空に輝く星や月のように、暗い運命に泣く者にとっては、思いがけない人生のともしびとなり、またそれは光輝く台となって、どんな暗い迷路に踏み込んだ者も、すぐに元に戻れる道標となる。その上には、百の宝珠で飾られたような何千何万ともしれぬ美しい建物が並び、逆境にあって身の不運を嘆く者に、そなたは決して駄目ではないぞと、門を開いて迎えておられるではないか。そこには美しい花で飾られたような、生き生きとひるがえる百億の旗の柱が並び、その一つ一つの旗には、美しい音色を奏でる楽器が備わっている。

そして光の中から、どんな暗い、狭い心もなごやかにする八種の清風が、「私が正しく他が間違っている、という物差しを捨てよ。目先の幸不幸で自分の一生を決めつけるな。生き生きとした明るい言葉で話そう。きびきびと行動せよ。勝つか負けるかではなくて、生きるか死ぬかを人生の目安とせよ。何十年、何百年の向こうを見て、黙々と努力せよ。いつも目覚めた人の教えを生活の中心に置け。境遇にふりまわされずに、我が道を行け」と、楽器に語りかけると、それに呼応して、

「そなたは自分の思い通りにならないのはまわりが悪いからだ、と決めつけているが、そなたの人生は、いまのそなたの境遇のほかにはないのだ、ということに気がつかなければならない。そなたは眼に見えるものだけに囚われて、もうかった、損した、幸せだ、不幸だ、勝った、負けた、と一喜一憂しているが、そんなものはすべて夢、幻。本来の世界は青空のように清らかに、澄みわたっているではないか。そなたは、自分の力で幸せを手に入れようとしているが、この世にあるものはすべて仮のもの。だから順境にあるからといって、そこに腰を下ろして惰眠をむさぼっていてはならないし、逆境に身を置いても私はもう駄目だ、などと決めつけてはならない。そなたは、自分のことだけ考えて生活しているが、そんな狭い心の世界には本当の幸せはない。皆の踏み台になって働くということは、一見馬鹿ばかしいことのように思うかもしれないが、思いきって飛

び込めば、すばらしい生活だと言うことがわかるにちがいない。そなたが考えているような自分は、本当の自分ではないのだから」と、私たちの思いも及ばない美しい音色が響いてくるではないか。これを水想観の修行と名付け、第二の精神統一の方法と呼ぶのである。

私の生活の大地はどこに〈地想観〉

さあ、この瑠璃色に輝く清らかな大地を観察する者は、その一つ一つをごまかすことなく見つめ、眼を閉じて特別な修行を積む時も、眼を開いて日常生活に身を置く時も、消えてなくならないように、はっきりと心に刻み付けておくがよい。眠っている時を除いて、いつもこの輝く大地を見ることができるまで、努力するがよい。そうなった人は、ほぼ明るい阿弥陀如来の世界を見ることができた人だと言ってもよいのであろう。私の力で清らかな世界を見ていると思っているようでは、まだ完全だとはいえない。その瑠璃の大地が私の生活と切っても切りはなせないところまで親しくなれば、否応無しに向こうからはっきりと見えてくるのだ。こんなことは説明したとてわかるようなものではない。これを地想観の修行と名付け、第三の精神統一の方法と呼ぶのである。

この時、釈尊は、阿難尊者を呼んで、次のように教えられた。

阿難よ、そなたは明るい目覚めた眼をいただいて、私の言葉を間違いなく受けとめ、これからこの世に生きなければならない人々が、本当の生きる喜びを味わえるように、この明るい阿弥陀如来の大地を見開く教えを説き広めるがよい。この清らかな大地が見えてきた者は、どんな境遇にあっても明るく堂々と起《た》ち上がって行くことができるに違いない。自分の都合しか考えられない狭い心の生活が打ち破られ、世の人の踏み台になって、生き生きと輝く、清らかな世界の人となるであろう。そんな生活をすれば馬鹿をみるのではないか、などという疑いはいつのまにか消えうせている。この清らかな大地が見えてくれば、正しい道を歩んで来た証拠であり、それが見えなければ、迷いの小路に踏みこんでいるに違いないのだ。

枯れ木の林の中にいるのは誰〈宝樹観〉

釈尊は、阿難尊者と韋提希夫人に教えられた。

清らかな大地が見えてきたら、その次に、大地にそそりたつ宝珠で飾られたように輝く樹木を見るがよい。そなたたちの生活では何かを持ってきて身を飾るならば、私は他より優れているという、うぬぼれの心がむくむくと動きだすし、他の人が美しく身を飾るならば、それを妬《ねた》み、羨《うらや》み、その人の足を引っ張ろうとする醜い心が、すぐに動きだすではないか。この清らかな大地に育った樹々を見るがよい。七重に入り交わっているのに整然と調和を保ち、一本の樹木が美しく飾られると、その輝きが他の樹々を照らし、お互いに向上し合うことはあっても、他を引きずり落すなどという暗さは全くない。

その一本一本の樹木は、どこまでも高く枝を広げ、この世に生きるそなたたちのように何か都合の悪いことにぶつかると、途中で諦めたり逃げ出したりして、折れ曲がったり、成長が止まるなどということはありえないのだ。それぞれの樹には、七つの宝珠で飾られたような輝く花と葉が備わっている。そなたたちの日常生活では、皆が同じ色の花に憧れ、他の色の花はつまらぬ色だと思って馬鹿にする。

このさまざまな色の花と葉を注意して見るがよい。どの花も葉もそれぞれ異なった色をしていながら、どれも生き生きと輝いているではないか。瑠璃色の花なのによく見ると、この世の私たちには思いも及ばない金色の光を放っているではないか。水晶のような花なのに赤い光を放ち、碼碯《めのう》色の花からシャコの光、シャコ色の花から緑真珠《りょくしんじゅ》の光が放たれているではないか。珊瑚《さんご》や琥珀《こはく》などの宝珠の光が、その花や葉に注がれ、何とも言えない美しい輝きを生みだしているのが見えるであろう。この光の世界には、私はこんな色に生まれたからもう駄目だなどと嘆く者は一人もいないのだ。樹々の梢を仰ぎ見るがよい。美しい真珠の網が張りめぐらされているではないか。その真珠の網は、すべて七重に重ねられ、その一枚一枚の網の間に、五百億の美しい花の宮殿が見える。その宮殿は、あたかも天人の王様の住みかのようだ。

そなたたちの住む世界は、自分のまわりにあるものは、親も妻子も、家庭も職場も、友人も、自分の地位も肩書きも、全て自分を束縛する網ではないか。手に入れた物は、すべてそなたの生活を束縛する働きになるから、ひとときの安らぎの場もないではないか。この宮殿に生活する天人の子供をよく観察するがよい。皆、のびのびと振る舞っているではないか。一人一人が五百億の宝珠を首にかけ、その宝珠があたり一面に輝き、百億の太陽や月が一度に現われ、輝き合っているように見える。この世にこの姿と似たものは何一つ無い。そなたはこの世にあって、毎日自分がおつきあいしている人々や、使っている道具をよく注意して見たことがあるか。毎日見ていると、いつのまにかあたりまえになってしまって、そのすばらしさ、有り難さを、何も感じなくなってしまっているのではないか。さあ、よく見るがよい。無数の宝珠がお互いに輝きあって、一層美しい輝きを生みだしているのがわかるであろう。この光の世界では、自分が幸せになるということは、皆が幸せになることと一つなのだ。

たくさんの宝珠に彩られた樹々は、整然と並び、その樹々の葉もまたきちんと列をつくっている。そこには野心を抱いて、他をだしぬく必要などさらさらないのだ。葉と葉との間にはたくさんの美しい花が咲き乱れ、その花の上には、だれも造った人などいないのに、七つの宝珠で飾られたような、すばらしい果実が見事に成長しているではないか。この光の世界では、老人であろうと、若者であろうと、善人であろうと、悪人であろうと、その素質や能力にかかわりなく、明るい生き生きとした人生の果実を身につけることができるのだ。葉の大きさは、皆同じく、生き生きと広がっている。

葉の色はさまざまで、一千種類もあろうか。一枚一枚の葉の表には、百種にものぼる絵が描かれており、それはあたかも何でも思い通りのことができる天人たちの首飾りのように見えるではないか。そなたたちの世界のように、毎日同じことを繰り返してゆくと、何の感激もなくなるというようなことはないのだ。形は毎日同じでも、この光の世界では、日々新鮮で個性のある絵巻物を描きあげて行くのだ。咲きそろった美しい花々は、あたかも砂金をばらまいたように輝き、夜空に広がる炎の輪のように、葉と葉の間をぬって透き間を埋めて行く。その流れの中から、あたかも帝釈天《たいしゃくてん》が持っている何でも好きなものを取り出せる壺のように、生き生きとした新鮮な果実がわきだすのだ。

そなたたちは、何か不都合なことにぶつかると、すぐに私はもう駄目だと嘆き悲しみ、眼の前が真っ暗になるであろう。だがこの美しい花の流れが、一度その暗い世界を潤すならば、固く閉ざされている欲望の眼の扉が開かれ、どんな干からびた生活でも、生き生きとよみがえるのだ。生き生きとした果実から放たれる光は、数限りない旗の柱となり、それがまた宝で飾られた花の傘となる。そなたたちの心には、自分の都合でしか物事を見ることができないから、もうかる、損する、というような、目先の利害しか映らないであろう。だがこの宝の傘を仰ぎ見るがよい。自分はどうなってもよいから、まわりの人々を救おうと、その一生涯をかける、目覚めた人々のすばらしい人生が一望に見渡されるではないか。目覚めた世界に生きるということは、こういうことだったのか、ということがはっきりとわかるであろう。

さあ、このすばらしい樹々を見終わったならば、その茎や枝葉、花や果実を、一つ一つかみしめるように心にとどめおくがよい。これを宝樹観の修行と名づけ、第四の精神統一の方法と呼ぶのである。

流れのように、柔軟に〈宝池観〉

次に、水を思い浮かべるがよい。この喜びの世界には、どんな目先の楽しみにも誘惑されない、干からびた人生を香り高い一生に変える、逆境にあっても軽やかに歩める、どんな怠け者もきりりとひきしまる、どんな都合の悪い人に対してもなごやかに接する、あたりまえに見えていた毎日を喜びの日々に変える、厳しい現実から逃げ出さずに私の学習の場としてうけとめさせる、いかなる生活の傷あとも跡形もなくなおすという、すばらしい八つの池があるのが見えるであろう。

池にたたえられている水は、あたかも七つの宝で飾られたように、キラキラ輝いているではないか。そなたたちは、なにか他人より少しでもましなことができると、すぐに俺は偉い人間だと思い込み、おごり昂《たか》ぶるし、馬鹿にされたり無視されたりすると、それを根にもってひがむに違いない。だがこの池を注意して見るがよい。いつもおおらかで、何のこだわりもないではないか。清らかな水は、すべて逆境にあっても自由自在に動きまわれる宝珠の中から、コンコンと湧き出ているのだ。池の水は多くの支流となって流れ、その一つ一つの流れは、それぞれ個性的な七つの宝の色を持っている。そなたたちの世界では、ある人にはよく心が通い合うが、他の人にはよくわかってもらえない、ということが多いであろう。この水の流れは、どんな固い狭い心もたやすく貫き通し、なごやかによみがえらせることができる。水の流れる溝は、黄金のように輝き、その底は、さまざまな色のダイヤモンドの砂が、敷かれているかのように見える。決してそなたたちの世界のように、色褪せた落ちこぼれが生まれるなどということはありえないのだ。

この水の中には七つの宝で飾られたような輝きを持つ、六十億の美しい蓮の花が開いている。その一つ一つの蓮の花を見るがよい。どの花もその形は円く、のびのびと広がっているではないか。そなたたちは、人を出し抜いて優越感を持つ生活を捨てて、人の踏み台になどなったら、人生に夢も希望もなくなるではないかと、頭の中で勝手に理屈をつけて動こうとはしない。注意してこの蓮の花を見るがよい。皆の踏み台となって正直に生きているが、その結果がどう転んだとて決して馬鹿を見るということはないのだ。

なぜならば、宝珠から流れだした水がこの蓮の花の間に流れ込み、樹々の間を自由自在に上下する。

その時にその水の流れは、「欲望の眼を離れなければこの世は苦しみの世界だ。この世はそなたが考えているようなものではないのだ。そなたがいま、幸せだと思っているような境遇は、やがて幻のように消え去るのだ。そなたは自分の力で生活しているように思っているが、ほんとうは、そなたの思いも及ばない働きによって生かされているのだ」と耳に聞こえてくるし、あるいは「他の人の踏み台になれ。生き物を殺すな。嫌なことから逃げるな。目標を見失うことなく努力せよ。目先の楽しみにふりまわされるな。自分の姿を明るい眼で見よ」とも聞こえてくるではないか。あるいはまた、「そなたはまだ気が付いていないが、この世の中のどんな楽しみよりも、目覚めた生活はすばらしいのだ」と、目覚めた人をほめたたえるのが聞こえるであろう。

池の中には、どんなみじめな境遇も、一度に生き生きとした生活の場に変える、躍動する宝珠が金色に輝き、その光が、そなたがさっきまで何とつまらない世の中だろうと嘆いていた世界を照らす。そら、注意して観察するがよい。あの世界がいつのまにか百の宝で飾られたような美しい鳥となって、固く閉じこもった暗い心もなごまずにはいられなくなる美しい声で、「目覚めた人のお姿は、何とすばらしいのだろう！　目覚めた眼を通して見える世界は、何とすばらしいのだろう！　目覚めた世界へ向かう仲間たちは、何とすばらしいのだろう！」と私たちに呼びかけておられるではないか。

これを宝池観の修行と名付け、第五の精神統一の方法と名づけるのである。

仮の幸福の家から、実の幸福の家へ〈宝楼観〉

この世界のいたるところに、すばらしい宝珠で飾られたような、五百億もあろうか、大きな建物が見えてくるであろう。その建物の中には、そなたたちの迷いの眼で見るならば、おそらく何とうらやましいことだと思うに違いないが、思いのままに生活を楽しむ天人たちが、理想の世界の音楽を演奏している。その楽器は空中にあたかも宝珠で飾られた旗の柱のようにつりさげられているのだ。そして不思議なことには、だれもその楽器に手を触れる者がないのに、自然に鳴りはじめるのだ。そなたたちはおそらく、天人の音楽なら、きっと何でも自分の思いのままになる天の生活を歌い、栄華に酔いしれているに違いないと思うだろうが、実際にはそうではないのだ。その音色はすべて「目覚めた人のお姿は、何とすばらしいのだろう！　目覚めた眼を通して見える世界は、何とすばらしいのだろう！　目覚めた世界へ向かう仲間たちは、何とすばらしいのだろう！」と聞こえてくるのだ。

さあ、ここまで見えてくるならば、目覚めた喜びの世界の、宝珠で飾られたような樹々と大地と池とを、ほぼ観察し終わった、と言ってもよいであろう。この修行を、宝楼観あるいは総観想の修行と名づけ、第六の精神統一の方法と呼ぶのである。この世界を体験した者は、長き世をかけてつぐなっても、絶対に取り返すことのできない悲しい人生も、生き生きとよみがえり、その命終わる時、私の人生はこれで十分であったと、心から喜ぶことができるであろう。この世界が見えてきた者は、正しい道を歩んできた証拠であり、もしその世界が見えなければ、迷いの小路に踏み込んでいるに違いないのだ。

眼を開け、輝く場所にいるではないか〈華座観〉

釈尊は、阿難尊者と韋提希夫人に教えられた。

さあ、耳をそばだてて、よく聞くがよい。そして心にしっかりと刻みつけておくがよい。私は今、目覚めた眼によって、そなたたちのために、この世のあらゆる苦しみ、悩みを取り除く方法を教えてあげよう。そなたたちは、この教えを胸に抱き、悩み苦しむ人々に伝えるがよい。

その時、韋提希夫人は、これは全く思いがけないことであったが、今まで自分の前に立っておられた釈尊が、いつのまにか、あたり一面に生き生きと躍動するいのちの源、阿弥陀如来となっておられることに気がついた。そしてその左の方向、つまり逆境を嘆き、運命を呪う暗い人々に対しては、駄目な人など一人もいないのだぞと、底なしの愛の手をさしのべられる観音菩薩の姿を見せ、右の方向、つまり、順境に酔い、見せかけの幸せに囚われている人々に対しては、うぬぼれるな、そなたのような者には救いはないぞと、厳しい智慧の眼を向けられる勢至菩薩の姿を現わされているではないか。そのお姿を拝む者は誰でも、じっとしていることができなくなって、自分の人生を問わずにはいられなくなってくる。観音の働きにめぐりあうならば、この世のどんな美しい愛の精神も色褪せて見えるし、この世のどんな厳しい生きざまも、勢至の眼の厳しさに並ぶものはないのだ。

この時はじめて本当の阿弥陀如来とめぐりあうことができた韋提希夫人は、思わずひざまずいて申しあげずにはいられなかった。「世尊よ、私は今、目覚めた眼の導きによって、阿弥陀如来とそのすばらしい二菩薩の働きに、めぐりあうことができました。何とうれしいことでしょう。でもこれから後、未来に生きなければならない人々は、一体どうすれば阿弥陀如来とその二菩薩の働きにめぐりあうことができるのでしょうか。」

釈尊は韋提希夫人に向かって教えられた。

阿弥陀如来にめぐりあおうと思う者は、この世の見せかけの楽しみにまどわされることなく、阿弥陀如来が私たち愚か者のために用意された、生き生きとしたお姿に、心を集中させるがよい。さあ、七つの宝で飾られたようなけがれなき大地の上に、美しい蓮の花が開いているのが見えるであろう。その蓮の花こそ、阿弥陀如来が生きて働いておられる場所なのだ。

その蓮の一枚一枚の葉は、私たちが今までしがみついていた世の中にあっては、花の蔭に隠れて、臭い泥沼に埋もれて、皆から無視され、嫌われているのに、この世界にあっては、百の宝珠で飾られたような、美しい光を放っているではないか。その葉の表を注意して見るがよい。八万四千の縦糸のような筋道が走っているが、それはあたかも何でも自分の思い通りになる、天人たちが描いたように美しい。その縦糸の一本一本の筋から、八万四千の光が放たれ、自分の運命を嘆く者も、悲しみのどん底にあえぐ人も、その光に会う者は皆、明るくよみがえるのだ。

蓮の花の一つ一つをよく見きわめるがよい。どんな小さな花でも、縦横、無限に広がっているように見えるではないか。蓮の花にはそれぞれ八万四千の葉が備わり、その一枚一枚の葉の間から、それぞれ百億もあろうか、大きな宝のような美しい輝きが見られる。その一つ一つの宝珠の輝きは、この世のどんなに暗くすさみきった心も、明るくよみがえらせずにはおかないと、無数の光の輪となる。その光は天を覆い、七つの宝で飾られたように、大地をくまなく照らし、色褪せてあきらめきっている人々を元気づけ、ことごとくよみがえらせるのである。

この蓮の花を支える台座は、なんでも自分の思い通りになる力を持つ帝釈天《たいしゃくてん》であっても、絶対に手ばなすことのない、毘楞《びりょう》伽宝《がほう》という宝珠からできており、その宝珠は、この世で考えられるだけの美しい宝珠を持ってきても、とてもくらべものにならない美しい輝きで彩られているのである。その台座の上には、誰も立てた者がいないのに、この世界の、生まれ、年老い、病におかされ、死んでいかねばならない、人生の四つの方向に向かって、心配するな、これを依り所にせよと、四本の旗の宝柱が空にそびえているではないか。その一本一本の宝柱は、あの清らかな世界の象徴である須弥山が、百千万億もどっしりと並んでいるように見え、人生に絶望した者を、一人一人しっかりと支えて、立直らせているではないか。旗の柱にとりつけられた宝の幕は、あたかもこの世の春を謳歌する夜摩天の宮殿のように、五百億の美しい宝珠によって飾られ、その一つ一つの宝珠は、それぞれ八万四千の光となって輝き、その一つ一つの光の輝きが、さらに八万四千の個性ある金色の優れた教えとなって、私たちを明るい世界に導かれるのだ。

そなたはなぜ私のような者はもう駄目だ、と自分の境遇を嘆くのか。あの台座を見るがよい。絶対にたじろぐことのないダイヤモンドのように人生が輝いているではないか。そなたはなぜ暗い顔をして、つまらない毎日だといって嘆くのか。あの蓮の台座を見るがよい。美しい真珠の網のように、生きることのすばらしさがこの胸によみがえってくるではないか。そなたはなぜ、もうかった、損したと、どうでもよいことに一喜一憂するのか。あの台座を仰ぎみるがよい。ほら、そなたの生活の向こうに、すばらしい花の雲のような人生が躍動しているではないか。どんな心の世界にも、思いのままの姿で現われ、色褪せた人生が生き生きとよみがえる、この蓮の花の台座をはっきりと観察する、これこそ華座観の修行と名づけ、第七の精神統一の方法と呼ぶのである。

釈尊は、阿難尊者に向かって、次のように教えられた。

この美しい蓮の花は、滅びゆくこの世の見せかけの輝きではない。これはすべて、思いのままにならない人生を嘆き悲しむ民衆と共に歩み、一人残らず明るくよみがえらせずにはおかないと誓う、法蔵菩薩のいつの世にも生き生きと躍動する願いそのものなのだ。だからこそ、阿弥陀如来を拝もうと願う者は、まず阿弥陀如来が立たれるけがれなき蓮の花の台座が、どのような種子が成長してできあがったのか、そのいわれを尋ねるがよい。そのとき、くれぐれも気をつけなければならないことは、この世の見せかけの姿、形の輝きに惑わされないことである。ただひとえに、一枚一枚の花や葉、宝珠、光、台、柱などの形で現わされている真理を、あたかも鏡に向かって自分の姿を見るように、ごまかさずに受けとめるがよい。そうすれば、今までどうにもならなかった暗い人生が一転して、必ず喜びの人生が開かれるに違いないのだ。この体験をする者は、正しい道を歩んできた証拠であり、この体験が無い者は、迷いの小路に踏み込んでいるに違いないのだ。

まず、お姿を拝み、そのこころを尋ねよ〈像観〉

釈尊は、阿難尊者と韋提希夫人に説かれた。

さあ、蓮の花が見えて来たら、次に阿弥陀如来のお姿をひとえに拝むがよい。それには一体どうすればよいのだろうか。目覚めた方々・如来とは、そなたたちが考えているような、雲の上の偉い人ではなくて、いつでも、どこでも、誰でも、拝むことができるのだ。お前は何をぼやぼやしているのか。目覚めたお方は、私たち、皆の心の中に生き生きと活動しておられるではないか。

そなたたちが、心の中に、この全世界を自分の身体とするような、目覚めたお方を拝もうとするならば、迷いの世界に生活している私たちとは全く違う、さまざまな尊い特徴を備えたお姿を見いだすに違いない。私たちの足はいつも不安定で、逆境にぶつかると、たちまちぐらぐらと傾き、倒れてしまう。目覚めたお方の足の裏は、大地に密着して、いかなるみじめな境遇に身を置いても、微動だにしないではないか。私たちの眉間は、自分に都合の悪いことが起こると、すぐに曇って、相手を不愉快にし、自分も暗い世界に閉じ込めてしまう。目覚めたお方の眉間には、どんな暗い人の心もなごませる、美しい白い、長い毛が備わり、右回りに巻かれておさめられ、その一点から、絶えず明るい光が放たれている。この光を身に受ける者は、絶望のどん底に突き落とされていても、力づけられて起ち上がらずにはいられなくなってくるではないか。目覚めたお方は、私たちには無い、このようなすばらしい特徴を身に備えておられるのだ。

そなたは気がついていないようだが、そのすばらしいお姿を拝む心こそ、目覚めた人となる種子なのだ。その心が、実はすでに、目覚めた人そのものなのだ。目覚めた人のかたよらない正しい物の見方ができる眼は、このお姿を拝む心から生まれてくるのだ。だからこそ、心を一つにして、仏さまとはこういうものだ、という先入観や偏見に囚われず、目覚めたお方、まことの世界からこの世に姿を現わされたお方、誰でもめぐりあった人なら、心からほめたたえずにはいられなくなるお方、かたよらない明るい眼を備えられたお方を拝むがよい。だがそなたたちは、この全世界が私自身だ、という広大なお心を見る眼を備えていないのだから、まず手始めに、その象徴的なお姿、形で現わされた目覚めたお方を心の中に描くがよい。

その時、形にとらわれることのないように、眼を閉じ、あるいは自分勝手な解釈に閉じこもらないように、眼を開き、そのお姿が、金色に光輝くのを観察するがよい。目覚めたお姿は、欲望の泥に汚染されることのない、蓮の花の台座に起ち上がっておられる。そのお姿を捉えるものは、誰でも狭い心が広く開かれて、形にとらわれることのない真実を見通すことができる。さあ、この喜びの国の、七つの宝で飾られたような大地、宝池、宝樹、さらに大空を覆う旗の宝柱や飾り網が、ことごとく、お前自身の心の鏡だということがわかってきたであろう。このすばらしい姿をはっきりと心に刻み、あたかも自分の掌を見るかのように、いつでも、どこでも、ただちに見ることができるように、自分自身を訓練するがよい。

さあ、それができたならば、もう一つ、大きな蓮の花の台座を、阿弥陀如来の左の脇に思い浮かべるがよい。心に思う方法は、阿弥陀如来の蓮の花の台座の場合と同じである。そしてさらにもう一つ、大きな蓮の花の台座を、阿弥陀如来の右の脇に思い浮かべるがよい。左の蓮の花の上には、金色に光輝く観音菩薩、右の蓮の花の上には、厳しくその姿を現わす勢至菩薩を見よ。阿弥陀如来、観音・勢至二菩薩は、それぞれ決して無関係ではなく皆同じ光の中に現われ、私たちに同じ心の世界を開こうと、働いておられることがよくわかるであろう。驚いたことには、その光がまわりの宝樹を照らすと、どの樹の根元にも、それぞれ同じ三つの蓮の台座が現われるではないか。どの台座にもそれぞれ、阿弥陀如来、観音・勢至の三尊が立っておられるので、あたり一面に尊いお姿が満ち満ちていることがわかる。

そのお姿が見えて来ると、これは思いもかけないことであるが、きらきら輝く水の流れ、さまざまな樹々、その間をとびかう鳥たちが皆、私たちの人生の教師となって、尊い教えを説いておられることがわかる。そうなれば、日常生活のどんな場においても、あるいは眼を閉じて精神統一の修行に打ち込んでいる時も、教えは自然に聞こえて来るに違いない。その声を生活の場で、じっくりと味わうがよい。その時、忘れてはならないことは、自分が見たもの、聞いたことを、経典の中にたしかめることである。もし、自分が見聞きしたことが経典の教えとかかわりのないものだったら、それは自分勝手な解釈か、妄念妄想なのだ。もし、経典に教えられている通りのことを見聞きできるならば、そなたは大体大まかに阿弥陀如来の喜びの世界を見ることができたと言えるだろう。これを、像観の修行と名づけ、第八の精神統一の方法と呼ぶのである。

ここまで修行が進むと、今まで少しも気づいていなかったが、私たちは実に気の遠くなるほどの、どうにもならない非人間的な生活を、積みかさねて来ていることが、骨身にしみて感じられるに違いない。そこではじめて、この欲望の眼に汚染された世界にありながら、南無阿弥陀仏の有り難さがよくわかってくるのであると。

明るい人生の根源は、目覚めた眼〈真身観〉

釈尊は、阿難尊者と、韋提希夫人に教えられた。

さあ、目覚めたお方の仮のお姿を拝むことができたら、いよいよ私たちの、躍動するいのちの根源、阿弥陀如来のお姿と、その働きを、はっきりと拝むがよい。阿難よ、耳をそばだててよく聞け。阿弥陀如来のお姿は、この世の最高の幸せを誇る天人の世界を彩る、金色の輝きを持ってきても、とても描きだすことは無理なのだ。そのお身体は、私たちが頭の中に思い浮かべることができるようなちっぽけなものではないのだ。

肉眼でどのように観察したところで、理解できるようなものではないのだ。眉間の白毫は、右に巻き込まれて、私たちが見せかけの幸せに酔うのを許さず、その輝きは、五つの須弥山《しゅみせん》を合わせたように、はてしなく広がり、その目覚めた眼は四方にたたえられている澄んだ大海のように美しく、そなたたちの欲望や野心に汚された世界をうるおし、悲しい心も、苦しい心も、悩む心も、腹だつ心も、すべて浄化し、生き生きとよみがえらせる。仏の眼は、決してぼんやりしてはいない。目先の楽しみをむさぼり自分を大事にしないような者には、冷たい、青く輝く、厳しい眼のように感じられるし、私のような者はもう駄目だとふさぎこんでいる者には、そなたは決して駄目ではないぞと、勇気づけられる清らかな白色に輝く、優しい眼に感じられるに違いない。

そして、身体中どこからも光が放たれ、須弥山のように大きく広がり、その前に立つ者はだれでも、自分のことしか考えない狭い心の姿が浮彫りにされる。阿弥陀如来は、ご自身が後光を放っていることをご存じないのだ。だが私たちには、そのすばらしい光は、この世のどんな光を持ってきても、くらべものにならないことがよくわかる。後光に照らされると、今まで当たり前になっていて、色褪せて見えていた私たちの生活の、ひとこまひとこまが、すべて生き生きと輝く、かけがえのない人生となって、よみがえってくるのだ。その一人一人の目覚めた人のまわりに、自分の全力をあげて真剣に生きている、すばらしい個性を備えた求道者・菩薩たちの姿が見えてくる。どの人も皆、目覚めた人のお心のままに生きる仏弟子だ、ということがよくわかるであろう。

だが、私が会うことができたお姿だけが阿弥陀如来ではないのだ。阿弥陀如来は、八万四千もの、さまざまなお姿となって、人々の前に現われる。あらゆる人々をよみがえらせるために、その八万四千の姿の一つ一つに、また八万四千の働きが備わり、どんな人も決して見捨てられることはない。さらにその八万四千の働きの一つ一つに、八万四千の智慧の眼が備わり、その智慧の眼は、私たち一人一人をくまなく照らして、南無阿弥陀仏の御名となって、私たちすべてが、生きることに真剣にならざるをえないように仕向けられる。だから、絶対に落ちこぼれるはずがないのだ。

この智慧の眼、阿弥陀如来のお姿、その働きについて、今私がどんなに丁寧に説き明かしても、とても納得の行くように理解させるなどというような事はできそうもない。とにかく見せかけの姿、形にとらわれず、心の眼をしっかりと開いて見るがよい。

この阿弥陀如来のお姿を拝むということは、私たちが今まで気がついていなかった、無数の目覚めた人を発見することにほかならない。目覚めた人たちが見えてくるならば、そなたは間違いなく、目覚めた人・仏の御名を呼ぶ生活の中にいるのだ。だからこそこの修行を、すべての目覚めた人のお姿を拝む方法だというのだ。目覚めた人のお姿が見えれば、それはまた目覚めた人の心が見えてきたのだ、ということができよう。目覚めた人の心とは、自分はどうなってもよいから、回りの人々を助けずにはおかないという、とてつもない大きな自覚の心である。人を助けるということは、他人のために私が犠牲になってあげるというような慈善事業ではないのだ。全部、私一人の人生のためなのだ。

この自覚の心で、すべての人々をよみがえらせるのだ。

こういう心の姿勢が生まれるならば、その時には、すでにこの世の見せかけの幸不幸に惑わされることのない、明るい人生が開かれて来ているのだ。だからこそ、自分を本当に大事にしようと思う者は、心一筋に、私たちの生き生きとしたいのちの根源・阿弥陀如来に向かうがよい。阿弥陀如来を拝むならば、必ずそなたにふさわしいすばらしい道が開かれるであろう。その時、ただ眉間の白毫、目覚めたお方の眼の光を見落としてはならない。眼の輝きを見る者は、八万四千の阿弥陀如来のすばらしい働きが、自然にわかってくるに違いないのだ。阿弥陀如来を拝むことができれば、あたり一面の目覚めた人々が見え、その姿が見える者は、「そなたのような愚か者でも間違いなくよみがえるぞ」と、約束されていることを知るのである。

これを、目覚めた人のすべてのお姿を見る真身観の修行と名づけ、第九の精神統一の方法と呼ぶのである。この体験をする者は、正しい道を歩んで来た証拠であり、この体験のない者は、迷いの小路に踏み込んでいるにちがいないのだ。

母の心こそ私のいのち〈観音観〉

釈尊は、阿難尊者と、韋提希夫人に教えられた。

阿弥陀如来のお姿をはっきりと拝むことのできた者は、次に観音菩薩のお姿を拝むがよい。観音菩薩は、そなたたちの狭い眼で考えたようなお姿をしてはおられないのだ。観音菩薩は、思いもかけない紫金色に輝くお姿で、私たちの前に現われる。そなたたちは気がついていないだろうが、観音菩薩の頭には、どんな人も皆尊いのだということを教えてくださる肉髻《にっけい》が備わり、うしろの襟《えり》のところから後光が放たれている。その光は、この世で、絶望感に打ちひしがれている人々の心の中をくまなく照らす。その光の中に五百人の目覚めた人のお姿が見える。そのお姿は、そなたたちが見ている私・釈尊の姿と皆同じに見えるであろう。そして、その目覚めた人のまわりには、それぞれ五百人もの道を求める菩薩たち、さらに、はかりしれない数の、私たちから見れば、これ以上の幸せはないと思われる天人たちまでが、この観音菩薩の手足となって活動しておられるではないか。

この観音菩薩の大きな心の眼には、濁りきった世にさまようすべての人々の姿が捉えられている。頭の上には、この世のどんな悲しい思いにとらわれている人でも、一目見るならば、感激して拝まずにはいられなくなる、美しい宝珠の冠が輝いている。なぜならば、この冠の中には、いま「この世の見せかけの幸不幸に囚われて、悩み苦しむ者をよみがえらせずにはおかない」と、起ちあがって手をさしのべておられる、目覚めた人のお姿が見えてくるからである。そのお姿を拝む者は、私は何と愚かなことに囚われて悩み苦しんでいたのであろうかと、自分の姿が小さく見えるに違いない。観音菩薩のお顔は、生き生きとして金色に輝いている。眉間は、七つの宝石の色で巻き込まれたかのように明るく、どんな人でも苦しみ悩みから解放させようと、八万四千の心を照らす光を生みだしている。その一つ一つの光の中に、数えきれないほどの目覚めた人々が見える。その目覚めた人々には、それぞれ数えきれないほどの、道を求める人々が従い、修行を続けている。

観音菩薩は、そなたが考えたような姿で、この世に現われるのではないのだ。私たちの思いも及ばないさまざまな姿に変身して、私たちの前に現われ、働きかけておられるのだ。例を挙げれば、私はもう駄目だと世を呪い、人を恨む暗い心には、赤い蓮の花が開くように現われ、どんな絶望的な生活も明るくよみがえらせる、八十億の光を放つ首飾りとなって輝くのだ。その輝く首飾りを拝む者は誰でも、自分が今まで呪うべき暗い境遇にしばられていると思っていたことが、とんでもない間違いであったことを知るのである。

観音菩薩の掌を拝む者は、何の感激もなくなってしまった自分の生活が、実はさまざまな色に咲きほこる蓮の花のように、五百億もの生き生きとした姿に生まれかわることができるのを知って、驚かずにはいられない。その手の十本の指の先に、八万四千もの明るい人生が描かれている。一つ一つの指紋が、私たちの生きる本来の方向を指し示しているのだ。その生き生きとした絵は、教えとめぐりあって目覚めた、八万四千もの個性あふれる色彩で描かれ、そのどの色からも、目覚めた人の八万四千もの明るい心が感じられるではないか。その心の光は、そなたはこのように生きなさいなどと強制することはない。ただ、柔らかな光を注ぎ、すべての人々の心をなごやかにときほぐしていくのである。観音菩薩は、このような宝物のような手で、私たちをいつも導いておられるのだ。観音菩薩がその足を挙げれば、その足の裏に一千もの生き生きとした生活を生みだしていく車輪の模様が見えてくる。その車輪の一つ一つが、人生に行き詰まって諦め悩む者をよみがえらせずにはおかないという光の台となる。だから、その足が大地にしっかりと踏みしめられると、どんなみじめな境遇にある者も、一転して大きなダイヤモンドの花となって輝く。観音菩薩の足で踏まれる所は、すべて蓮の花が咲き匂う。そのほかのお姿は、すべて阿弥陀如来と重複して同じに見える。ただ、頭のてっぺんの肉眼では見えない部分だけが、阿弥陀如来に及ばないのだ。なぜならば、阿弥陀如来の頭上は、どんな人でも必ずよみがえらせずにはおかないという、誓願の光が輝き、観音菩薩というのは、その誓願の働きなのだから。

　このように観察するのが、観音菩薩を正しく拝むということであり、それを観音観の修行と名づけ、第十の精神統一の方法と呼ぶのである。

釈尊は、阿難尊者に教えられた。

観音菩薩にめぐりあいたい者は、このように観察するがよい。このように観音菩薩が見えて来た者は、もはやその生活に不幸せということがなくなるであろう。自分が犯した罪は、すべて私の責任として素直に受けとめることができるから、人生は一度に明るくなるのだ。道を求める者は、この観音菩薩の御名を聞くだけでも、そのすばらしさに胸が踊るといわれる。ましてや、自分の眼ではっきりとそのお姿を拝んだ者が、喜べないなどということがあろうか。さあ、観音菩薩にめぐりあおうと思う者は、まず阿弥陀如来の親心が生きて働く、頭上の肉髻と冠をはっきりと心に刻み、そのあとで、他のお姿を一つ一つ拝むがよい。その場合、遠くから眺めて批判するような姿勢であってはならない。あたかも自分の掌を調べるように見るがよい。この体験をする者は、正しい道を歩んで来た証拠であり、この体験の無いものは、迷いの小路に踏み込んでいるに違いないのだ。

父の心こそ私の光〈勢至観〉

さあ、次に勢至菩薩を拝もう。勢至菩薩のお身体の大きさは、観音菩薩とまったく同じである。その後光は、はてしなく広がり、回りをごまかすことなく照らし、明るみに導くのだ。そのお身体から発する光は、紫金色に輝いて、人の心を照らす。だから御縁のある者は、誰でもこの光は見えるはずだ。どんな人であっても、この勢至菩薩の毛穴の一つ一つからほとばしり出るような、一筋の光を見る者は、あらゆる世界の目覚めた人々に出会うことができる。だからこそこの勢至菩薩を、限り無き光、とお呼びするのだ。この菩薩の光とは、厳しい智慧の眼にほかならない。この絶対に妥協を許さない智慧の眼の中に入れば、地獄、餓鬼、畜生などという、狭い欲望の世界に閉じ籠っていることができなくなる。だからこそ、この菩薩を偉大なる勢至さまとお呼びするのだ。

勢至菩薩の冠には五百の宝珠で飾られたような花が輝いている。その一つ一つの花に五百の宝珠の台が見える。その台の中にあらゆる世界の目覚めた人々が活動している姿が見える。だからその冠を見る者は、狭い心の世界に右往左往している自分の惨めな姿が、一度にあらわにされるのだ。それは自分が傷つくことなのだから、皆避けて通りたいのであろう。だが、勢至菩薩の頭上の肉髻は、赤い蓮の花のように明るく輝いているので、だれ一人として隠れて通り過ぎるわけにはいかないのだ。その肉髻の上には、宝珠で飾られた瓶《びょう》がおかれ、光の水がたたえられている。だから、あらゆる目覚めた心の働きが、その中から生まれてくることがわかる。勢至菩薩のそのほかのお姿は、観音菩薩と同じである。このことから、勢至菩薩のほかに観音菩薩がおられるのではなくて、観音菩薩も勢至菩薩も、共に阿弥陀如来の大きな心の働きであることがわかるのである。

この勢至菩薩が動き出すと、この世のどんな人の心も、一度にひきしまって、心の底までビリビリと震動する。迷いの世界に眠っていた自分が大きくゆり動かされると、今までマンネリ化して色褪せていた生活が、一転して、美しい五百億もの蓮の花となって、生き生きとよみがえる。その宝珠のような花の美しさは例えようもなく、まさに極楽世界と呼ぶにふさわしいものとなる。勢至菩薩がすわると、今まで生き生きと輝いていたはずの宝珠の世界は、一度に動揺し、狭い暗い心の世界に逆戻りする。自分の力で輝いていたのではないからである。

勢至菩薩の光の世界を、思い切って観察しよう。私のようなものはもう駄目だと嘆く人を、明るい世界へ導かれる、黄金の光の仏さまを始めとして、自信過剰に陥り俺は偉い人間だと威張る者でさえ、めぐりあうと頭を下げざるをえない光の王様のような仏さままで、無数の目覚めた人々が活動しておられるのが見えるであろう。そなたたちは気がついていないかもしれないが、この目覚めた人々は、すべて阿弥陀如来の分身なのだ。だから、そこには当然、分身の観音菩薩・勢至菩薩が、ひしめいて活動しておられるのだ。眼を大きく開いてみよう。ほら、大空いっぱいに蓮の花が開いたように、車座に並んで、すばらしい真理を説かれ、苦しみ惑う私たちを招いておられるではないか。

この体験をする者は、正しい道を歩んで来た証拠であり、この体験の無い者は、迷いの小路に踏み込んでいるに違いないのだ。このように大勢至菩薩を見ることを、勢至観の修行と名づけ、これを第十一の精神統一の方法と呼ぶのである。

勢至菩薩を拝む者は、どんな暗い闇の人生も、すべて私のかけがえのない人生として受けとめることができる。だから、勢至菩薩にめぐりあう者は、ごまかしの楽しみの世界に留まることはありえないのだ。誰でも、いつも広々とした明るい目覚めた世界に遊び回ることができる。さあ、これで、観音・勢至両菩薩を拝むことができた。

狭い眼を閉じれば、もう明るい〈普観〉

阿弥陀如来、観音・勢至二菩薩のお姿を拝むならば、必ず自分自身の本来の姿がはっきりしてくるであろう。お前たちはもう、西方極楽世界への道に立っているではないか。そなたたちの本来の生活は、欲望にふりまわされるはずがないのだから、美しい蓮の花の上にすわることができる。蓮の花がしぼむと、欲望の眼が動きだすのがわかるであろう。蓮の花が開けば、どんな逆境にあっても、その心は青空のように明るい。五百色もあろうかと思われる光が輝き、自分の姿がはっきりと映しだされ、狭い眼が、一転して広い明るい眼となる。あたり一面が、目覚めた人、目覚めた世界に歩む人ばかりではないか。水も鳥も樹々も、目覚めた人の声も、すべてそなた一人のために真実の教えを説いておられるではないか。その音声は、すべて釈尊の教えそのものなのだ。それがわかれば、そなたは、日常生活にあっても、全く同じように見え、同じように聞こえるはずだ。

このように体験するならば、そなたは、阿弥陀如来の極楽世界を見たといってもよいのだ。これを普観の修行と名づけ、第十二の精神統一の方法と呼ぶのである。阿弥陀如来という固定した姿が、どこかにおられるのではない。気がついてみれば、私を取り巻くすべてのものが、阿弥陀如来の生き生きとした働きそのものではないか。阿弥陀如来は、私たちの所へは、必ず観音・勢至二菩薩の働きとなって現われるのだ。

世界中、私一人のための先生だ！〈雑想観〉

釈尊は、阿難尊者と、韋提希夫人に教えられた。「さあ、見せかけの楽しみに満足できなくなって、一筋に西方の阿弥陀如来の清らかな心の世界に生まれようと願う者は、澄みきった池の表面に、私たちと同じ格好の、目覚めた人が立っておられるお姿を、心に思い浮かべるがよい。すでに述べたように、阿弥陀如来は、はかりしれないほどの大きな存在なのだから、とてもそなたたちのような愚か者が、頭の中で考えられるようなものではない。だが私たちの思いも及ばない明るい目覚めた眼の働きによって、私たちでも、はっきりと拝むことができるのだ。迷いに沈む者が、目覚めた人のお姿を心に思い浮かべるだけでも、その生活がよみがえってくるのだから、ましてや目覚めた人の身につけられた働きを体験した者は、喜べないはずがないではないか。

阿弥陀如来は、世の人が考えるような姿、形で存在するのではない。阿弥陀如来は、この世ではさまざまな姿、形となって、私たちの眼の前で活動される。ある時は、この世のすべてのものが、阿弥陀如来のお姿として拝まれるであろう。あるいは、実在の人として拝まれることもあろう。だがどの場合も、私たちには、金色の光を放つかのように感じられるに違いない。その後光、分身の目覚めた人々、宝珠で飾られた蓮の花などは、すでに述べた通りである。観音・勢至二菩薩も、阿弥陀如来の生きた働きとして、どこにいても拝むことができる。私たちは、その頭から放たれる光を仰いで、これは観音菩薩、これは勢至菩薩とお呼びするのである。この二菩薩は、阿弥陀如来の手足となって、すべての人々をよみがえらせて行くのだ。このように見ることを、雑想観の修行と名づけ、第十三の精神統一の方法と呼ぶのである。

散善の教え　なぜ、良いことをせよと、勧められるのか

仏教を聞けばすぐわかり、実践できる〈上品上生〉

釈尊は、阿難尊者と、韋提希夫人に教えられた。

今まで述べて来た精神統一の学習によって、躍動する阿弥陀如来の世界を観察せよ、という教えの通りに修行しようとすればするほど、自分の愚かさが身にしみて感じられてくるということがよくわかったであろう。さあ、それではこれから、阿弥陀如来のお姿など、自分の力ではとても拝めそうもない、心の落ち着かない愚か者のために、阿弥陀如来の世界に生まれて行く道案内をしてあげよう。

およそ人には、出来のよい者から、出来のわるい者に至るまで、九通りの姿があり、それに応じた修行方法があるのだ。その中でも、こんなすばらしい人は、どうしてもこの世に居てもらわなくては困るという、最高の品格をそなえた、上品の人たちがいるが、その人々を、さらに出来のよい順に、上生、中生、下生の三通りに分けることができる。

その最高の、上品上生と呼ばれる人が、阿弥陀如来の世界に生まれるには、必ず三つの広大な目覚めた人の心とめぐりあわなければならない。その第一は、目覚めた人の清らかなまことの心だ。そなたたちは、この心とめぐりあうならば、自分のどこを探しても、身勝手な自分の都合しか考えない欲望の心しかなく、野心に汚染されない清らかなまことの心が無いことを、嘆き悲しむに違いない。その第二は、深く目覚めた人を信じ、自分のあさましい姿を知る心である。この心に出会うならば、いつも目覚めた世界に背を向けて、かけがえのない人生をごまかして、目先の楽しみにふりまわされて過ごしている自分の姿が、はっきりと見えてくるであろう。そして第三は、見せかけの幸せを求めてさまよう私たちを、目覚めた世界に向かわせようと働きかける心である。この心に出会う者は、自分の力で目覚めた人になるとか、人を助けることができるなどと考えていたのは、とんでもない自信過剰であったことに気づくに違いない。まことの心、深い心、自分も目覚め、人をも目覚めさせる心、などと聞くと、自分にその心があるかのような錯覚に陥りやすいが、私たちにそんなすばらしい心などあるはずがないではないか。この三つの心は、そなたたちが起こす心ではなく、私たちが毎日どのような愚かな心で生活しているのか、はっきりと自覚させ、本当に明るい人生に導いてくださる如来の親心なのだ。だからこそ、この三つの心にめぐりあうならば、必ず阿弥陀如来のすばらしい心の世界に導かれるのだ。だがこの三つの心が大事だと教えられても、そなたたちにはなかなか理解できないであろう。だから、これからその心を明らかにするための修行の道を説いてあげよう。

まず、上品上生の人は、次のような三種の修行を身に付けるがよい。その第一は、情け深い心を持ち、生き物を殺したり、傷つけたりしてはならない。そして盗みをしない。嘘をつかない。そのようにして、目覚めた人たちのさまざまな生活のきまりに従って生活するのだ。その生活がしっかりと身についたならば、第二に、すべての人の救いを明らかにする大乗の仏典をひもとき、その心を尋ねる。そして自分のことしか考えられない狭い心から抜け出すことができたら、第三に、いつも目覚めた人と、その教えと、道を求める友を忘れず、困っている人を助け、戒律をきちんと守り、やましいことが何一つない理想の世界を追求し、目覚めた人になろうと努力するがよい。このようなすばらしい生活が、一日、二日、……七日と続くならば、間違いなく目覚めた人の世界に生まれることができるであろう。

阿弥陀如来の世界に向かう時、この人は、脇目もふらずに正しい道を歩んで行くので、その人の前に、阿弥陀如来、観音・勢至菩薩、さらにさまざまな姿、形となって活躍される目覚めた人々、多くの求道者たち、目覚めた世界をほめたたえる理想の世界に遊ぶ天人たち、そしてそのすばらしい心の世界を表わす七つの宝で飾られた宮殿が、次々と姿を現わしてくる。観音菩薩は、目覚めた世界を疑ったり無視したりする迷いの心が、少しも混じっていないダイヤモンドの台を手にして、勢至菩薩と共に、その人の前に現われる。阿弥陀如来は、その明るい眼で、その人を暖かく包み、菩薩たちと共に手招きされ、手をさしのべられる。そして、観音・勢至、その他無数の菩薩たちと共に、その人をほめたたえ、その心のすばらしさを大衆に向かって説かれるのである。その人はおどりあがって喜び、気がつくと、いつのまにか、ダイヤモンドの台の上に乗せられ、目覚めた人に従って、ほんの一瞬の間に、阿弥陀如来の世界の人になっているのだ。

そこで初めてこの人は、自分の努力で目覚めたのではなく、仏・菩薩の優れた働きによって目覚めることができたということを知るのだ。目覚めてみれば、今まで何とも感じなかった大自然や草や木までが、キラキラと輝き、私一人のために、生きることの真実を語りかけているではないか。その声を聞けば、もはや二度と迷いの世界に戻ることはないのだ。そしてほんの僅かの間に、すべての目覚めた人々とめぐりあい、そのお姿を拝むことができる。目覚めた人々は、その人にそなたはもう私たちの仲間なんだよ、と証明してくださる。そして、目覚めた人の心の故郷、阿弥陀如来の世界に戻り、数限りない教えを聞くことができるのだ。今のそなたには夢のような話かもしれないが、この人たちを、上品上生の人と呼ぶのである。

すぐわからないが、よく仏教を勉強する〈上品中生〉

さて、次に上品中生の人というのは、必ずしも経典を読み尽くすことはできないかもしれないが、教えの心を正しく受けとめることができるので、何事が起こっても慌てふためくようなことはない。真理を深く見究める力を持っているから、経典を疑うなどということはない。そのすばらしい素質、能力を駆使して、阿弥陀如来の世界に生まれようと願うのだ。

その修行に命がけで挑むならば、その生涯を通じて、本当に私は目覚めることができるだろうかという疑いはついてまわるけれども、その生涯の終わりに、その人の前に観音・勢至二菩薩、さらにはかりしれない目覚めた人々にとり囲まれた阿弥陀如来が現われ、「如来の子よ、お前は間違いなく大乗の教えに従って生活し、真実に目覚めたのだ。だからこそ私は、今ここに現われて、そなたを真実の世界に迎えにきたのだ」とほめたたえ、千人もの目覚めた人々の働きを借りて、手をさしのべられる。気がついてみると、今までつまらぬ色褪せた所に立っていると思っていた自分自身が、生き生きとした紫金色の台の上に立っていることを知る。だから手を合わせて、自分を目覚めた世界に導いてくださった先輩たちを、ほめたたえずにはいられなくなるのだ。あんなに長い長い間、どんなに苦労しても目的を達成することができなかったのに、たったひと思いの間に、清らかな七つの宝で飾られたような目覚めた世界の池の中に、導かれていたのだ。その紫金色の台は、大きな宝珠の花のように輝いている。だからたとえ疑いの雲が懸かっていても、一夜明ければ青空が広がるように花開くのだ。花が開けば、いつのまにか自分自身まで紫金色になっているではないか。その足元には、七つの宝で飾られたような蓮の花が輝いている。阿弥陀如来も菩薩たちも、すべて私一人のために教えの光を放っている。いつのまにか眼が開かれているから、そのことがよくわかるのである。

如来の心の働きにめぐりあって、耳を傾ければ、身の回りに聞こえてくるあらゆる声が、今まで全く気づかなかった真実を、教えて下さっていることがはっきりしてくる。

あまりのすばらしさに、金台の上にじっとしていることができなくなり、台を降りて目覚めた人を拝み、手を合わせてその徳をたたえずにはいられなくなる。六つの迷いの世界を、一日、一日と過ぎ行き、もう二度と迷うことのない境地に進む。そうなればもう自由自在にとびまわり、目覚めた人の世界をほめたたえる毎日になる。まわりは、すべて目覚めた人なのだから、その一人一人から、すばらしい人生を学ぶことができる。気の遠くなるような、長い時間をかけて修行するのと同じ体験をするので、明るい目覚めた世界の人となり、そなたはもう大丈夫だという如来の証明を受けるのだ。今のそなたたちには夢のような話かもしれないが、このようなすばらしい素質を備えている人を、上品中生の人と呼ぶのである。

よくわからないが、仏教は大事だと敬う〈上品下生〉

次に、上品下生の人というのは、自分の思いを超えた真実の世界の道理を信じ、どんな人でもよみがえらせずにはおかないという、大乗の教えを尊敬し、この世の見せかけの楽しみに振りまわされることなく、真実の道を歩もうと決意し、その心の働きによって阿弥陀如来の明るい世界に生まれようと願うのだ。

この人は、その一生の間、本当に浄土に生まれることができるであろうか、という疑いが残るけれども、その生涯の終わりに、阿弥陀如来は、観音・勢至二菩薩、その他多数の目覚めた人々にとり囲まれて、その手には疑いの心などきれいにぬぐい去った、金色に輝く蓮の花を捧げ、五百人もの目覚めた人々の力を借りて、この人を出迎えるのだ。この五百人の目覚めた人々は、同じように手をさしのべ、「如来の子よ、そなたは今、欲望に汚染されることのない、すばらしい道を求める心を身につけることができた。だからこそ、私は今、ここに現われて、そなたを真実の世界へ迎えに来たのだ」とほめたたえられる。このように教えられて、はじめてその人は、いつのまにか金色に輝く蓮の花の上に座っていることに気づくのだ。だが「蓮の花の上にいるぞ」と思った瞬間に、花は閉じて、「本当に目覚めた世界に生まれたのであろうか」という疑いが頭をもたげてくる。しかし、目覚めた人の導きによって、七つの宝で飾られたような清らかな世界の、池の中までやってきたのは間違いないことなので、一日一夜もたたないうちにまた蓮の花は開く。だから迷いの世界を一日、二日と通り過ぎて、七日に至るまでには、目覚めた人の姿を拝むことができるのだ。しかしそれでもまだ、目覚めた人の本当の姿がわかっていないので、三週間もの間、釈尊の教えを受けて、ようやく目覚めた人を身近に見ることができる。そうなってはじめて、耳に聞こえてくるあらゆる音声は、目覚めた人の教えそのものだとうなずくことができる。そこで、見えてきたあらゆる世界の、目覚めた人々を訪れ、そのすばらしさを心からほめたたえ、その深い教えに感動して聞き入ることができる。

この人は、気の遠くなるような多くの年月をかけさえすれば、必ず明るい目覚めた人の心の門に入り、喜びの境地に到達できる、という確信を持つに違いない。今のそなたには、夢のような話かもしれないが、このような人を、上品下生の人と呼ぶのだ。

この三種の人の修行を、上輩の人の浄土往生の想いと名づけ、第十四の精神統一の方法と呼ぶのである。

プロの求道者のように厳しく生活する〈中品上生〉

釈尊は、阿難尊者と韋提希夫人に教えられた。次に、できればこの世に居てほしいと願われる、中品の人の修行について述べてみよう。

中品上生の人というのは、上品の人のように、プロの修行に徹するなどということは、とてもできないけれども、生き物を殺さない、盗みをしない、乱れた性関係を持たない、嘘をつかない、酒を飲まない、という五つの戒律を固く守り、時には世俗の生活の合間に、一日一夜だけでも、専門の修行者と同じ生活規律を守って修行し、生活を引き締め、人の道に逆らうような振るまいをせず、欲望を抑えて生活する。このような良き行ないによって、西方極楽世界へ生まれようと願うのである。

この人はその一生の間、本当に私は目覚めた世界に生まれることができるのであろうかという疑いが残るが、その生涯の終わりに、観音・勢至二菩薩を始めとする目覚めた人々にとりかこまれた阿弥陀如来が、金色の光となってその人の前に現われる。そして、「この世は、そなたの狭い欲望の眼で見るならば、苦しみの一生に違いない。だが目覚めた眼で見るならば、この世は青空のように澄みわたり、何一つ不足なものはないのだ。そなたたちが、損だ得だと一喜一憂しているようなものは、どんどん移り変わってしまうものであり、さまざまな御縁が重なって、仮にそのような形になっているだけなのだ」と教えられる。そして、見せかけの楽しみの家を離れて、全世界を我が家とする苦悩を離れた世界を、心からほめたたえられるのだ。

この人は、この目覚めた人のお姿を拝むと、心から喜ばずにはいられなくなる。はっと気がつくと、いつのまにか美しい蓮の花の台の上に座っている自分を発見するのだ。思わずひざまずき、手を合わせて目覚めた姿を拝むと、その頭を挙げないうちに、阿弥陀如来の極楽世界の人になっているではないか。蓮の花は大きく開き、その花が開く時に発する音は、「人生は苦である、苦の源はお前の狭い心、その欲望の色眼鏡で見ることをやめれば、正しい道が開かれる」という四つの人生の真理をほめたたえているように聞こえてくる。驚いたことには、今まで自分の能力を駆使して悟りを開こうとしていた、上品の聖者たちまで、その姿を仰ぎ、「最も優れた聖者よ」とほめたたえているではないか。自分自身とその世界を正しく見る、明るい智慧の眼が備わり、欲望の束縛から自由になっているからである。そなたたちには、夢のような話として聞こえるかもしれないが、このような人を中品上生の人と呼ぶのである。

ときどき求道者のように自己研修する〈中品中生〉

次に、中品中生の人というのは、忙しい日常生活にまぎれて、仏道修行などなかなかできないけれども、一日一夜に限って、時々修行者と同じように厳しい生活体験をしようと努力し、あるいは仏教入門の戒律から、プロの出家者の戒律まで、せめて一日だけでも守ってみよう、と挑戦してゆく。その良き行ないによって、阿弥陀如来の極楽世界に生まれようとする。

厳しい道徳にひたりきったこの人は、「一生の間、私は本当に目覚めることができるのだろうか」という疑いは残るが、その生涯を閉じようとする時、多くのお弟子たちを従えた阿弥陀如来が、七つの宝で飾られたような蓮の花を手に持って、金色の光を放ってその人の前に現われるであろう。思わず耳を澄ますと、「お前は間違いなく良き道を歩んで来たのだ。過去、現在、未来の、三世にわたる目覚めた人の眼を信じて歩み続けて来たのだから、私はお前の人生をすばらしい生涯だと証明してあげよう」という力強い声が聞こえてくる。はっと気がつくと、いつのまにか、蓮の花の上に座っていることを知るであろう。だが、「私は今、蓮の花の上にいるのだ」と思った時、蓮の花は一度に閉じてしまう。だから西方極楽世界の宝の池の中にいても、まだ半信半疑なのだ。

やがて一日、二日、さらに七日に至るまで、迷いの世界を過ぎて、やっと花が開く。それと同時に、眼も開く。あまりのすばらしさに手を合わせ、目覚めた人に感謝せずにはいられなくなる。教えを聞き、喜び、この上ない明るい世界を知る。この人は、長き世をかけて修行すれば、必ず世の聖者になれる、という確信を持つであろう。今のそなたたちには、夢のような話に聞こえるかもしれないが、このような人を、中品中生の人と呼ぶのである。

人に迷惑をかけないように生活する〈中品下生〉

中品下生の人というのは、常に回りの人に対して思いやりの心を持ち、父母を大事にし、世のため、人のために尽くす、この世の人格者である。

この人は、この世においては回りの人々から尊敬され、思いのままに生活しているように見えるが、自分の心の中をかえりみれば、「本当に私は目覚めることができるのだろうか」という疑いを、生涯離れることができないのだ。しかしその命終の時、すばらしい先生にめぐりあって、阿弥陀如来の世界の、生き生きとした働きを聞き、その世界が法蔵菩薩の四十八の願いによってできあがったことを教えられる。この教えにめぐりあう時、その人は喜んで死に臨むことができるであろう。たとえば、屈強の男たちが、その肘《ひじ》を伸ばしたり、縮めたりする短い間に、西方の極楽世界に生まれることができる。そして一日、二日、さらに七日まで、六つの迷いの世界を一気に駆け抜けて、観音・勢至二菩薩にめぐりあい、その教えを聞いて心から喜ぶに違いない。この人は、「長き世をかけて修行を続けるならば、必ず世の聖者に成れる」という確信を持つことができる。

今のそなたたちには、夢のような話かもしれないが、このような人を中品下生の人と呼ぶのである。

このように、私たちの生活から大きくかけはなれた、この三種の修行を、中輩の人の浄土往生の想いと名づけ、第十五の精神統一の方法と呼ぼう。

仏教には無関心、思い通りに生活する〈下品上生〉

釈尊は、阿難尊者と韋提希夫人に教えられた。さあ、今まで、この世の模範となる人々の仏道修行の方法を説いてきたが、そのいずれも、私もそのようにありたいと思っても、現実はそのようには生活できないのではないか。そうだとすれば、仏道は、観念の産物、絵に描いたぼたもちにすぎないであろう。そこで、いよいよこれから、私のような者は、この世にいてもいなくてもよい駄目人間だと、あきらめきっている者、さらにこの世にいない方がよいと皆から嫌われている、人生に希望が持てない人、下品《げぼん》の人の生き方を明らかにしよう。

まず、下品上生の人というのは、朝から晩まで自分の欲望のままに振る舞い、空しい毎日を送っているのに気がついていない。別に仏法をそしるようなことはしないが、道を真剣に求めようなどということは考えたこともない。だからこのような愚か者は、他人を傷つけ、自分も駄目にする生活を続けているのに、全く反省の色がない。

だがこのような人であっても、いよいよ人生の先が見えてきた時に、すばらしい先生にめぐりあって、「どんな人でも駄目ではないのだと教える、この上ない大乗仏教の教えがありますよ」と、経典の御名をほめたたえる声を聞く。その経典の御名を耳にするだけでも、今まで自分が造ってきた愚かな生涯が一度に明るみに出てくるので、何とかせずにはいられなくなってくる。その時、目覚めた人は、「すかさず、手を合わせて南無阿弥陀仏と称え、拝みなさい」と教えられる。南無阿弥陀仏の御名を称える身となれば、過去にどんなとりかえしのつかない愚かな行ないを繰り返してきた人でも、人生に思いもかけなかった方向が開かれてくる。その時、阿弥陀如来は、そのすばらしい心の働き、観音・勢至の心をさまざまな姿、形でその人の前に現わし、その人をほめたたえられる。「そなたは南無阿弥陀仏と称える身になったから、もう迷いの人生にふりまわされることはなくなったのだ。だから私は、今そなたを迎えに来たのだ」と。この言葉が聞こえてきた時、その人は、見るもの聞くものすべてが、自分を明るい世界に導いてくださる仏さまだということに気がつく。「何とすばらしい、有り難いことだろう」と感激し、喜んで死んで行ける身にさせていただくのだ。

その人の姿を、阿弥陀如来の明るい眼で見るならば、次のように見えるであろう。この人は宝珠で飾られたような蓮の花の上に乗り、この世の姿、形となって導かれる仏さまに従って、極楽の宝の池の中に生まれる。だが迷いの眼によって、長い間、見せかけの楽しみを追い求めていたために、蓮の花は閉じ、「本当に私は目覚めることができるのだろうか」という疑いが頭をもたげてくる。だが四十九日ものあいだ、蓮の花の中で育てられると、花は思いがけず開かれるのだ。花が開かれれば、観音・勢至二菩薩が、明るい智慧の眼で、私の愚かな姿を見守っておられたことがわかり、今まで私と何の関係もないように思われていた釈尊の教えが、生き生きとよみがえって、私に語りかけてくるようになるのだ。この人は喜びのあまり、道を求めずにはいられなくなる。この人は、長き世をかけて道を求めるならば、あらゆる教えの世界を身につけ、菩薩の喜びの境地に達することは間違いない、という確信を持つに違いない。このような人を、下品上生の人と呼ぶのである。目覚めた人、目覚める教え、目覚めようと道を求める仲間という三つの宝の御名を聞くことができるので、間違いなく阿弥陀如来の浄土へ導かれるのである。

仏教を無視し、欲望のままに生活する〈下品中生〉

釈尊は、阿難尊者と、韋提希夫人に教えられた。

下品中生の人というのは、目覚めた人が定められた戒律を問題にせず守ろうとしない。生き物を殺さなければ生きて行けないではないか、皆が悪いことをしているのに、私だけ真面目に生きるなんてばかげたことではないか、嘘をつかなければ、このせちがらい世の中を渡っていけないではないかと自分のからに閉じこもる。

このような愚かな人は、目覚めた世界を教える寺や仏像、仏具まで、お金に換算して考える。そして、人の清らかな心を悪用して、仏さまに捧《ささ》げられたものまで、私腹をこやすことに利用する。そして他人には、自分こそ聖者であるかのように振る舞い、内心とは全く違う理論をふりかざし、人の心を惑わす。それなのに自分の愚かさには全く気づいていないのだ。外側は美しく飾り立てているけれども、間違いなく自分の濁った心で生活を汚しているのだ。

このような罪人は、自業自得で、暗い地獄の方向に落ちて行くのだ。したがっていよいよ人生の先が見えてくると、「どうして私だけこんな目に会わなくてはならないのだろうか、なぜ私だけ苦しめられなければならないのか」という地獄の暗い想いが一度に火を吹いて突き上げてくるのだ。自分の力や飾り立てた看板など、何の役にもたたないのだ。幸いにもすばらしい先生に出会う。そのおかげで、本来念仏など、となえるはずのないこの愚か者が、阿弥陀如来のすばらしい心の世界を知り、「私は今まで、何と狭い心の世界をさまよっていたのだろうか」と自覚するようになり、戒律をまもる、心を目覚めた世界一点に集中する、明るい眼で世の中を見る、損だ得だという自分本位の心から解放される、野心のない眼を身につける、というような、今まで背を向けて問題にもしなかった教えが、生き生きと自分の心に働きかけてくることを知る。その教えを耳にすると、今まで一度も考えてみたこともなかった自分の愚かさがはっきりしてきて、「どんなひどい目にあっても当然である」と完全に頭が下がった時、これは思いがけないことであるが、今まで、自分をがんじがらめに束縛していた地獄の燃えさかる火が、一転してさわやかなそよ風に変わるのだ。そこには夢にも考えられなかった理想の世界の花が開き、花の上には、今まで自分を苦しめていたものが、すべて私一人を目覚めさせようと、さまざまな姿となって活躍しておられたことが、見えてくるではないか。だから、ひと思いの喜びのうちに、極楽世界に生まれているのだ。

だが、「私のような者は極楽に生まれるはずがない」と思っているこの人は、七つの宝の池の中で、蓮の花の蕾の中で、気の遠くなるような長い間修行しようと覚悟する。そうすると、花は一度に開いて、観音・勢至二菩薩が、清らかな声をはりあげて、「そなたはもうすべての迷いから離れたのだ」と教えられ、私は駄目だと思っている者をこそよみがえらせようと願う、大乗の教えを説き聞かせるのだ。この教えに導かれて、その人は、もう二度と迷うことのない心の世界に生きるのである。このような人を、下品中生の人と呼ぶのである。

他を傷つけ、自分も駄目にし、人生の裏街道を行く〈下品下生〉

釈尊は、阿難尊者と韋提希夫人に教えられた。

さあ、今までさまざまな人の姿を明らかにし、その人の行く道を説いてきたが、ここまで聞いてくると、お前たちは、自分自身は決して、世のため人のために活躍し、人から尊敬される偉い人ではないことが、よくわかったであろう。いや、偉い人どころか、「私のような者は、極楽浄土に生まれる資格など全くない、何もできないただの人だ」ということが、身にしみてわかったに違いない。そこで最後に、自分では絶対に明るくなれない人、下品下生の人の行く道を教えてあげよう。

下品下生の人というのは、仏さまどころか、親を親とも思わない不孝者だ。自分の欲望の満足しか考えず、自分の思い通りにならなければ平気で人を傷つけるし、殺すこともあるのだ。いつも、やらなくてもよいことをやり、言わなくてもよいことを言い、考えなくてもよいことを考えては他を傷つけ、自分を駄目にしていく。だが自分では、「こんなつまらない境遇に生活しているのは、皆、回りの責任だ」と思っているのだ。しかし間違いなく、不平不満の人生の原因は、すべて自分の生きかたにあるのだから、その行く道はすべて行き詰まり、暗くなって行くばかりである。そういう姿勢で生きるならば、何千回、何万回、この世に生まれ変わって来ても、そのたびに暗い呪うべき一生になるに違いないのだ。

このような愚かな人はいよいよ人生の終わりが近づいた時、幸いにもすばらしい先生が現われて、「そなたのような者でも決して駄目ではないぞ。ここにこんなすばらしい教えがあるぞ。さあ、南無阿弥陀仏と称え、その心を尋ねようではないか」と教えられても、「人間など信じられるものか」と疑いの眼を向け、「俺のことなどだれもわかってくれるはずがない」と、ひがみ根性に凝り固まっているのだから、素直に念仏などするはずがないのだ。それでも目覚めた人は、どうしてもこの人をよみがえらせずにはおかないという切なる願いから、「仏さまを信じられないのなら、それでもよい。ただ、頼むから南無阿弥陀仏と、御名を呼んでおくれ」と願うのだ。そこで、その人は、「俺は何も信じないけれども、それほどまで言うなら称えてあげよう」と、声も切れぎれに、とにかく十回ばかり南無阿弥陀仏と称える。すると、驚いたことに、仏の御名を称えたことによって、その人は、「自分が今、こんなに暗い人生に追い込まれた原因は、何と自分自身が生きてきた姿勢にあるのだ」ということがはっきりしてくる。だから、本来なら、もう生涯の終わりなのだから、何をやったとて取りかえしがつかないはずなのに、眼の前に、ポーッと、金色に輝く蓮の花が見えてくる。そしてそれはすぐに大きく広がって、狭い暗い心を一足跳びに明るみに導く日輪となる。その人は、その生き生きとした心の働きによって、ひと思いの喜びのうちに、阿弥陀如来の極楽世界に向かう身となる。

常識で考えるならば、このような人は疑いの心を取り去るために、蓮の花のつぼみの中で、気の遠くなるような長き世をかけて修行しなければならない、と思うのが当然であるが、何とまあ不思議なことには、一気に花開くのだ。観音・勢至二菩薩は、その人ひとりのためにかかりきりで、阿弥陀如来の世界のすばらしさと、そんなすばらしい世界に、今まで背を向けていた恩知らずの自分を映し出して見せてくれるのだ。その教えを聞くとき、「何とすばらしい人生なんだろう、今まで私は何を見、何を聞いて生きていたのだろうか」と、感激して道を求めずにはいられなくなる。この人を、下品下生の人と呼ぶのである。

この三種の修行を、下輩の人の浄土往生の想いと名づけ、第十六の精神統一の方法と呼ぼう。

韋提得忍　やっと仏道が皆のものに

このことを釈尊がお説きになった時、それまで真剣に耳を傾けていた韋提希夫人とその五百人の侍女たちは、極楽世界とは何であったかということを、はっきりと知り、阿弥陀如来と、観音・勢至二菩薩をはっきり拝み、心から喜びがこみあげてくるのだった。皆「今まで尊い教えをたくさん聞いてきたが、こんなに感動したことははじめてだ」とほめたたえ、「仏の国に生まれて行くということは、こういうことだったのか」と、深くうなずき、心の底からわきあがってくる喜びをかみしめるのであった。五百人の侍女たちも、今まで自分の生活と何の関係もないと思っていた極楽浄土が、実は自分自身の人生の方向だということがはっきりとわかったので、この上ない道を求める心を起こして、極楽世界を願うのであった。

釈尊は、その様子をご覧になって、「皆間違いなく浄土に生まれることができますよ」と、約束されるのであった。そして「浄土に生まれるならば、皆が目覚めた人たちの仲間入りして、すばらしい世界を楽しむことができる」と教えられた。それを聞いた、この世の理想の世界に生きる天人たちも、「私たちの世界を人生の目標だと思ってはならない、私たちも阿弥陀如来の世界に生まれたい」と願うのであった。

＊流通分　南無阿弥陀仏の御名一つを伝えよ

その時、黙って釈尊の教えに耳を傾けていた阿難尊者は、すっくと立ち上がって、「世尊よ、この教えを何とお呼びしたらよろしいでしょうか。また、この教えの要を、どのように受けとめ、伝えたらよいのでしょうか」とお尋ねした。

釈尊は、阿難尊者に教えられた。「この経を『私たちの人生の向こうに広く深く感じられてくる極楽世界と、その世界の主である阿弥陀如来と、その働きである観音・勢至二菩薩を拝む教え』とも、あるいは『まことの心にめぐりあって、迷いの人生を歩んでいる私の姿を知り、目覚めた世界の人となる教え』と名づけるがよい。阿難よ、お前はこの教えの意味をしっかりと受けとめて、決して忘れるようなことがあってはならない。この心を身に付けるならば、今ここで、阿弥陀如来と観音・勢至二菩薩をはっきりと拝むことができるのだ。道を求めようとする者は、ただ、この阿弥陀如来、観音・勢至二菩薩の御名を聞くだけでも、深い迷いに沈んでいる自分自身の姿が映し出され、清らかな世界を求めずにはいられなくなる。ましてや、南無阿弥陀仏の御名を身につけた者は、言うまでもないことである。もし南無阿弥陀仏と称える者があれば、この人は、欲望の色眼鏡に汚染された人々で満ち満ちている、泥沼に咲いた白い清らかな蓮の花に違いない。観音・勢至菩薩は、喜んでその人の親友になるであろう。さあ、脇目もふらずに、目覚めた人となる正しい道に立つがよい。そして、目覚めた人の家に住むがよい。」

釈尊は、阿難尊者に教えられた。「お前は、この言葉一つをはっきりと心に刻み付けるがよい。」この言葉とは、はかりしれない、生き生きとした、いのちの源泉、南無阿弥陀仏の御名なのだ！　釈尊がこのことを教えられた時、目連尊者も、阿難尊者も、韋提希夫人も、皆心から喜ぶのであった。

その時、釈尊は、青空のような何一つ障害物のない心の中を通り、お弟子たちが待っている霊鷲山へお帰りになった。阿難尊者は、そこに集まっていたお弟子たちに、王舎城の出来事から始まって、一部始終を語り聞かせた。人々は、幸せ一杯の天人のような生活にある時も、暗い闇の中を行く竜や夜叉のような生活に身を置く時も、威張らず、ひがまず、明るい精神生活を喜べる身にさせていただき、釈尊を心から拝み、家路につくのであった。

Ⅱ

現代語訳 阿弥陀経

『阿弥陀経』に人生を問おうとする人に

『阿弥陀経』は、古くから民衆に親しまれてきた、浄土の経典である。今でも、亡き人の命日などにいつも拝読されている。だが、この経が読まれるのを聞いたことがある人は大勢いるのだが、どういう内容の教えが読誦されているのか、わかっている人は極めて少ないのではないか。この経を耳にして、「有り難いお経だった」という人があっても、それは僧侶の読経の声が、耳に快く響いたということに過ぎないのではないか。法事の時にはこの経を読んでもらうことになっているというように、単に昔からの習慣でそうしているに過ぎないから、いつのまにか『阿弥陀経』も、自分の人生と何のかかわりもない死者供養のお呪《まじな》いになってしまっている。

私たちは、素晴らしい教えが自分の手元にまでやってきているのに、猫に小判、馬の耳に念仏といわれるように、この千載一遇のチャンスを素通りしているのではないか。もしそうだとしたらこんな悲しいことはない。そこで親鸞さまはこの教えをどのように受け止められていたのか尋ねてみよう。

『教行信証』をひもとくと、次のように教えられている。

それ濁世の道俗、速やかに円修至徳の真門に入りて、難思往生を願うべし。真門の方便について、善本あり徳本あり。また定専心あり、また散専心あり、また定散雑心あり。雑心とは、大小・凡聖・一切善悪、おのおの助正間雑の心をもって名号を称念す。良《まこと》に教は頓にして根は漸機なり、行は専にして心は間雑す、かるがゆえに雑心と曰《い》うなり。定散の専心とは、罪福を信ずる心をもって本願力を願求す、これを自力の専心と名づくるなり。……しかればすなわち釈迦牟尼仏は、功徳蔵を開演して、十方濁世を勧化したまう。阿弥陀如来は、もと果遂の誓いを発して、諸有の群生海を悲引したまえり。すでにして悲願います。植諸徳本の願と名づく、また係念定生の願と名づく、また不果遂者の願と名づく。また至心回向の願と名づくべ

きなり。　　　　　　　　　　　　　　　　　　『教行信証』化身土巻

（この濁りに濁った世界に生きる人は、僧俗を問わず、今すぐあらゆる修行、幸福追求の終点である真実への門をくぐって、思いもかけなかった明るい人生を願うがよい。この真実への門をくぐるための手段に、善きものの源、素晴らしきものの源と呼ばれる南無阿弥陀仏の名号がある。またこの門をくぐらなければならない人の心に、精神統一して南無阿弥陀仏と称えようとする心と、善き行ないの一つとして南無阿弥陀仏を称えようとする心がある。また幸福な生活を送るために精神統一をしたり、善き行ないを積むために南無阿弥陀仏を称えようとする、欲望に汚染された心がある。欲望に汚染された心というのは、この世の人々は、偉い人も駄目人間も、恵まれた人も恵まれない人も、『観無量寿経』の教えに導かれて、南無阿弥陀仏でなければ助からない、ということが分かってきても、それでもなお本当だろうかという疑いの心を離れることができないまま、南無阿弥陀仏と称える。本当に教えは直ちに明るい世界を保証しているのに、教えを受ける私たちの心はなかなか、

ハイと頭が下がらないので遠回りしてしまう。南無阿弥陀仏は単純ですっきりしているのに、それをいただく心が純粋でないから、難しいものにしてしまう。だから、汚染された心と呼ぶのである。また精神統一や善き行ないを積み上げるために南無阿弥陀仏と称えようとする人は、日や方角を選んだり、見えないものの呪いやたたりを恐れて、阿弥陀さまに助けてもらおうという心の世界を離れていない。このような人は、南無阿弥陀仏の教えに生きているように見えても、まだ念仏を自分の努力にしてしまう狭い心の世界にとらわれてしまうのだ。……

そこで釈尊は、お蔵入りしてわからなくなっていた南無阿弥陀仏の御名を公開して、『阿弥陀経』を説き、この濁った世の中に生きる全ての人々に救いの道を開かれたのである。この経に教えられる阿弥陀如来の明るい眼は、どんな人でも最後には必ず目覚めさせずにはおかない、というやむにやまれぬ誓いによって、この世の全ての人々を目覚めた世界に導かれている。この教えの根本になる大きな心の眼（阿弥陀如来の第二十願）を、「南無阿弥陀仏の素晴らしき御名を植えつけようという明るい眼」とも、「人生を本当に生き生きとした方向に向けようという明るい眼」とも、「色々遠回りしても、最後には必ず目覚めさせずにはおかないという明るい眼」とも、「どんな駄目人間も無条件で目覚めることができるように導かれる明るい眼」とも、呼ぶことができよう。）

親鸞さまは、どうすればもっと楽に暮らせるか、どうしたら格好良く世渡りができるかということだけしか考えない日常生活に埋没している私たちのために、まず『観無量寿経』という素晴らしい教えがありますよ、と教えてくださった。『観無量寿経』の教えは、思いがけない生活の行き詰まりをどのように打開するかという切実な問題を通して、南無阿弥陀仏の御名と御縁を結ばせてくださった。今、何らかの形で南無阿弥陀仏という御念仏と御縁を結んでいる人は、私たちの回りにはたくさんいる。だが、この『教行信証』に教えられているように、一度は教えに出会って感動した人やその子孫でも、いつのまにか家の習慣として南無阿弥陀仏と称えている名前だけの真宗門徒になっていたり、亡き父母の追善供養のために南無阿弥陀仏を利用するだけになってはいないだろうか。だが、それよりももっと恐ろしいのは、仏教を学び、親鸞さまの教えをいただく身になったのにもかかわらず、これで私は南無阿弥陀仏の教えのことは何でもよく分かったと思い込んでしまうことである。この聞法の落とし穴は、お念仏の教えに親しめば親しむほど数を増してくるようである。

そのように暗い落とし穴に落ちていながらそのことに気がつかない私たちのために、この『阿弥陀経』が説かれ、「そなたはもう一度、真実の門（真門）をくぐらなければ本当に明るい人生（親鸞さまが、真実の教と呼ばれた『大無量寿経』の教えの世界）に目覚めることができませんよ」と呼びかけられているのだと、親鸞さまは教えてくださっているのである。

さあ、今こそ聞法の初心に帰って、死者供養のお呪いから『阿弥陀経』を解放し、自分がはまっている落とし穴に向かって、本当のいのちの尊さを知れ、と呼びかけられている、『阿弥陀経』のいのちの声に耳をかたむけようではないか。

『阿弥陀経』のあらまし

『阿弥陀経』は、『観無量寿経』と同じ浄土の教えであるが、この教えを受けた代表者は、釈尊のお弟子の中でも、最長老の舎利弗《しゃりほつ》尊者である。したがって、この教えは長い間仏教に親しみ、南無阿弥陀仏の教えとは何か、一通り良く分かったつもりの人が対象だということがわかる。だから、親鸞さまの導きに従って、私たちはまず『観無量寿経』の教えの門をくぐることが先決となる。そうしないと、私たちはこの教えを、日常生活の欲望の満足のために利用するという間違いを犯してしまう。そこで、『観無量寿経』の門に入り、その上でこの『阿弥陀経』をいただくと、思いがけないことが分かってくるのだ。

序分について

★如是我聞　私たちはこの言葉をお経を拝読するたびに口にしている。それなのに当り前になってしまって、ただ発音しているだけになってはいないだろうか。長く教えを聞いていると、いつの間にか何も聞こえなくなってしまっているのではないか。私は今こんな素晴らしい教えにめぐりあうことができました！　という出発点に戻ろうではないか。

★教えを聞く人々　十五世紀、真宗の教えをわかりやすく全国に広められた蓮如さまは「坊主というものは、大罪人なり」と厳しく問われている。教えに親しみ、何でもよく分かったつもりになっているものは、みんな地獄行きなのだ。この言葉に自ら襟を正し、この教えの対告衆（釈尊の法座に出席した人）に尋ねると、偉そうな顔をして仏法者を自称している情けない自分自身の姿が浮き彫りにされてくるではないか。

正宗分について

★過十万億仏土　釈尊は舎利弗に、極楽は遠い遠いところだ、と教えられている。舎利弗に説かれたのではない。私自身に問われているのだ。仏教は玄人になったつもりの人には聞こえない。ずぶの素人である、という聞法者の自覚はどこへ行ってしまったのか。釈尊はこの教えの中で三十数回、舎利弗の名を呼んでいる。何でもよく分かっていると思っている人こそ問題なのだ、と厳しく問われているのだ。

★極楽の荘厳　まばゆいばかりに光輝く極楽世界のパノラマ。教えを聞き始めた頃の新鮮な感激がいつのまにか色褪せ、当り前になっている私たちに、一つ一つはじめから心の生活を点検せよ、と総復習させてくださる。初心者と同じ座に帰って聞かねばならない。

★六方段　東西南北、天地の目覚めた人たちの導き。人間の一生、順境と逆境、あらゆる時と場所が、聞法の場だということを再確認せよと迫る。親鸞さまは、『阿弥陀経』の門をくぐって難思往生（思いもかけない世界に生まれよ）と教えられた。なぜ思いもかけないのか。自分の姿は絶対に分からないからだ。六方の仏たちの勧めは、「ただ南無阿弥陀仏と、頭が下がる道しかない」と。ここまでくるともう方法はない。めぐりあうだけだ。

★先輩の声を聞け　最後の結論は、お前の心では絶対に信じられないのだから、すでに歩んだ人の勧めを聞くしかない、と教えられている。まさに親鸞さまの『正信偈』に

「ただ高僧の説を信ずべし」と結ばれたのと同じではないか。

流通分について

★歓喜、信受　めぐりあわなければ、また元に戻るだけ。阿弥陀如来の明るい眼にめぐり会えば、もうそこは南無阿弥陀仏しか聞こえない『大無量寿経』の広大な世界が広がっている。『阿弥陀経』は、永遠に、道を歩むものの座右の教えなのである。

＊序分　偉い人こそ聞かねばならない！

真実の人生は感動から始まる

私は今、こんな素晴らしい教えにめぐりあうことができました。（如是我聞）

真剣に人生を歩もうとする人が、教えを問う

いつものように、釈尊は、舎衛国《しゃえこく》の祇園精舎で教えを説かれたが、そこには、千二百五十人のお弟子たちが集まっていた。これらのお弟子たちは、みんな明るい生き生きとした人生を体験された釈尊の徳をたたえ、釈尊のように生きようと努力することによって、みんなから尊敬され、良く知られた方々ばかりであった。

まず、釈尊の教えの本音をいつも正しく受け止めていく長老の舎利弗《しゃりほつ》尊者、あらゆるものの形を見てその心を知る目連《もくれん》尊者、欲に溺れず厳しい修行に徹し切った迦葉《かしょう》尊者、

常に冷静に相手を説得する迦旃延《かせんねん》尊者、教えを的確に把握して正しく表現する力では抜群の倶絺羅《くちら》尊者、外の雑音に惑わされずいつも一つことに打ち込むことができた離婆多《りはだ》尊者、みんなから軽蔑される愚鈍の身でありながら黙々とわが道を行き、明るい世界に真っ先に目覚めることができた周利槃陀伽《しゆりはんだか》尊者、いかなる誘惑にも負けない強い意志を備えた難陀《なんだ》尊者、釈尊のおそばで一言一句も聞き漏らすことがなかった阿難《あなん》尊者、父である釈尊の厳しい教えに耐えて、戒律を忠実に守り通した羅睺羅《らごら》尊者、一人静かに目立たないところで修行することを好んだ憍梵波提《きようぼんはだい》尊者、どんなすさんだ心も、この人の説法を聞くと和やかになったといわれる賓頭盧《びんずる》尊者、若いときの生活の乱れから見事に立ち直って、多くの人々を感化した迦留陀夷《かるだい》尊者、世の動きに精通し、豊富な学識で人々を導いた劫賓那《こうひんな》尊者、無病長命、無理をせずに自分に合った修行を続けた薄拘羅《はつくら》尊者、居眠りを釈尊にとがめられ、奮起して不眠の誓いを立てて、ついに両眼を潰したが、心の眼を開くことができた阿㝹楼駄《あどろうだ》尊者、このような個性的な偉大なお弟子たちであった。

これらの人々には、すべて、回りの人々みんなの救いに命をかける菩薩の心が働いていた。すなわち、優れた智慧によって、人々の迷いを取り除こうとする文殊《もんじゅ》菩薩、未来に生きる人々の救いに命をかける弥勒《みろく》菩薩、芳香を放って人々の心にうるおいを与えて行こうとする香象《こうぞう》菩薩、休むことなく黙々と迷えるものの救済のためにみんなの踏み台になって働く常精進《じょうしょうじん》菩薩などの偉大な菩薩の心が満ち満ちていた。さらにその場には、この世の幸せを全て味わうことができる理想の世界に身を置きながら、それでもなおかつ釈尊の精神生活を心から誉めたたえずにはいられない、帝釈天《たいしゃくてん》を始めとする神々の澄み切った心がたたえられ、釈尊の教えが説かれるのを、今か今かと待ち受けていたのである。

＊正宗分　いつも聞法の原点に立て！

極楽浄土　形の背後に広がるこころを忘れていないか？

私たちには、極楽はまだ遥か彼方の世界なのだ

その時初めて釈尊は、長老の舎利弗尊者に向かって問いかけられた。あの夕日の沈み行く西の空を仰ぐがよい。昼の間、それぞれ思いのままに動き回っていた生きとし生けるものは、すべて安眠の場を求めて帰って行くではないか。あのほのかに明るい西の方向に、今のそなたの心の世界からは、まだ遙かに遠い遠い彼方ではあるが、一つの世界がある。その世界を極楽浄土と呼び、そこには目覚めた人・仏さまがおられる。その御名を阿弥陀と名告《なの》られている。その阿弥陀如来こそ、今も変わることなく、私たちを明るく、生き生きとよみがえらせる教えの主なのである。舎利弗よ、どうしてその世界を極楽というのであろうか。それは、その世界に目覚めたものはみんな、この世にあって私は不幸だと思っていた境遇が、すべて不幸ではなくなり、いつも明るい生き生きとした人生を歩むことができる。だからこの世の人々にわかりやすいように、その世界を、「楽しみの極まり」と名づけるのである。

自分が苦しみの源をつくってはいないか

また舎利弗よ、私たちの眼では、何をやっても思いがけない障害の糸が絡んで動きが取れない生活に苦しみ悩まなければならないのに、極楽世界の阿弥陀如来の眼には、整然とめぐらされた七重の回廊、七重に張りめぐらされているのに、少しももつれない鈴飾り、七重に規則正しく植えられた樹木となって世の中が現われ、その一つ一つが宝石で飾られたように生き生きと輝いているではないか。だからこそ、その世界を極楽と呼ぶのである。

どんな人生にも素晴らしい意味があるのだ

また舎利弗よ、極楽世界には、七種の宝石で飾られたような美しい池が現われる。その心の池には、いつも澄み切った、のぼせあがることのない、快い、柔軟な、潤いのある、安らかな、落ち着いた、素晴らしい水がたたえられ、そこで生活するものの、眼、耳、鼻、舌、身体、そして思考力まで磨き上げていく。その池の底は、あたかも金の砂を敷き詰めたように、みんなの下積みになっていても何の翳《かげり》もない。またその池に通ずる四隅の階段も、この世なら主役の池を支える脇役に過ぎないのに、金、銀、瑠璃《るり》、水晶で飾られたように美しい光を放っているではないか。その上に築かれている高い塔も、回りと比べて優越感を持つような見せかけの光ではなく、七種の宝石で飾られたような、永遠に輝き続ける光を放っているのである。その心の池の中に育った蓮の花は、つまらぬことにいつまでもくよくよせずに大車輪のような落ち着きを保ち、その花の一輪一輪は、他の花と比べて威張ったり、ひがんだりすることなく、青い花には青い光、黄色の花には黄色い光、赤い花には赤い光、白い花には白い光と、それぞれの素材を十分に生かして、個性あふれる美しい香りを放っているではないか。舎利弗よ、極楽世界はみんなこのような素晴らしい姿を備えているのである。

天人も心からたたえる人生がある

また舎利弗よ、この世界には、いつもこの世で考えられるかぎりの楽しみを味わっている天人でさえも、心からその世界を願って、美しい歓喜の歌を奏で続けている。この世界の大地は、黄金を敷きつめたとでも表現しなければいられないような生き生きとしたいのちを生み出す。朝夕降る恵みの雨は、人々の心をうるおし、活気を生み出す喜びの花の雨である。この世界に生きるものは、朝夕、人の心にうるおいをもたらす花々を器に盛り、目覚めた人々の明るい生き生きとした姿をたたえ、この世の迷える人々を導き、食事時には極楽世界に戻り、自ら教えの食事をいただき、各々の生活の全てを、かけがえのない学習の素材として生かして行く。舎利弗よ、極楽世界は、みんなこのような素晴らしい姿を備えているのである。

雑音を聞かず、本当の声を聞け

また次に舎利弗よ、その世界には、この世では考えられないような、さまざまな鳥たちが現われる。人の邪心を洗う清らかな白鵠《びやっこう》、美しい羽を一杯に広げて悲しい思いを和らげる孔雀《くじやく》、人の言葉を疑いなく素直に受け入れる鸚鵡《おうむ》、回りの人々の生活に惑わされることなくこつこつとわが道を行く舎利《しやり》、美しい音色を放って堅い狭い心を解きほぐす迦陵頻伽《かりようびんが》、頭が二つあるのに決して争うことのない共命鳥《ぐみようちよう》、これらの鳥たちは昼夜それぞれ三度ずつ、調和のとれた快い響きを放つ。その音色は、聞き入る人には、「教えを聞け、黙々と努力せよ、回りの雑音に惑わされるな、一つ事に精神を集中せよ、正しく自分を見よ」とも、あるいは、「見せかけの幸せに惑わされるな、ただひたすら努力せよ、いつも長い眼で人生を捉え本当の喜びを知れ、自分の力の限界を弁《わきま》えよ、理屈に振り回されるな、欲望の眼しか持たない自分に気づけ、形に捉われて一喜一憂するな」とも、あるいは「正しく見よ、正しく考えよ、嘘をつくな、どうでもよいことをするな、生活を乱すな、一番大事なことに命をかけよ、欲望に振り回されるな、心を一つに集中せよ」とも響いてくる。極楽世界の人々は、この声を聞くと、みんな合掌して、目覚めた人々をたたえ、その教えをたたえ、その教えに育てられて生きる人々をたたえるのである。

舎利弗よ、そなたはこの鳥たちを、この世の傷つけ合い、だまし合う鳥の姿と見間違えてはならない。なぜならば、この目覚めた人の世界には、腹立ち、欲、無智というような汚れた心の働きはないからである。舎利弗よ、この目覚めた人の世界には、そのような汚れた言葉すらないのだ。ましてやそんな汚れた心の働きなどあるはずがないではないか。これらの鳥たちこそ、実は阿弥陀如来の明るい眼の働きそのものであって、難しい教えなどさっぱりわからない私たち駄目人間のために、わかりやすい姿となって現われているのである。

教えの風に触れよ、生活に喜びが生まれる

舎利弗よ、目覚めた人の世界には、いつも迷いの堅い心を和らげる、教えの微風が吹

いている。その風に触れたものは、輝く宝石の並木や、宝石の鈴や、珠玉の飾りのように、個性あふれる音色をその身から放つ。それはあたかも何百何千という楽器が、調和して美しい調べを奏でているように見えるではないか。その音色を耳にするものは、誰でも無理に信じようと努めなくても、自然に目覚めた人々をたたえ、その教えの素晴らしさを知り、その教えに育てられて行く喜びが生まれる。舎利弗よ、目覚めた人の世界には、そのような素晴らしい姿が備わっているのである。

狭い心の世界を打ち破る、広大な眼を知れ

舎利弗よ、そなたはどう思うだろうか。この目覚めた人を、なぜ阿弥陀如来（限りなき光・限りなきいのち）とお呼びするのであろうか。舎利弗よ、この目覚めた人の明るい眼は、どんなに暗い愚かな狭い心の中にも溶け込み、私たちがこの世で考えられるかぎりの見せかけの飾りを身につけて人を欺こうとしても、すぐにそれを見破られ、その嘘偽りの姿を余すところなく浮き彫りにし、何の飾りも必要としない明るい素顔の人生に導かれる。だからこそ限りなき光・阿弥陀如来とお呼びするのだ。また舎利弗よ、目覚めた人の生涯もその人に感化されて行く人々の生活も、この上なく明るく、生き生きと輝いている。たとえ私たちがどんなに長生きをしたとしても、とても比べものにならないほどの喜びの人生なのである。だからこそ、限りなきいのち・阿弥陀如来とお呼びするのである。

眼を開け、生き生きとした友がいるではないか

舎利弗よ、阿弥陀如来が遠い昔に、すでに目覚めた人となったと言われるのは、気の遠くなるような長き世をかけて、一筋縄ではどうにもならない迷いにとらわれているそなた一人を目覚めさせずにはおかない、という明るい眼に、やっとそなたが揺り動かされる時がやってきた、ということなのだ。また舎利弗よ、眼を開いてみるがよい。阿弥陀如来のまわりにはすでにその教えに導かれ、育てられてきた、無数の仲間たちがいるではないか。その人たちは自分では気がついていないかもしれないが、もう新しく外から何も学ぶ必要のない聖者ばかりなのだ。気がついてみれば、私たちの回りにも、阿弥陀如来の世界に生きようとする求道者たちも、数かぎりなくいることがわかるであろう。舎利弗よ、この目覚めた人の世界には、このような素晴らしい姿が備わっているのである。

衆生往生の因果　自分の能力・努力無効がわかっているか？

回りの人々はみんな大事な人ばかり

また舎利弗よ、極楽世界に生まれる者は、みんなもう二度と欲望の眼にとらわれる世界に後戻りすることのない、明るい生き生きとした人生を歩む人たちである。みんなこの世においては、それぞれ与えられた場にあって、さまざまな姿で生活しているが、間違いなく目覚めた人の仲間入りをした人たちなのである。その数の限りないことは、気の遠くなるほどの数だとしか言いようがないのだ。

駄目な人は一人もいない

舎利弗よ、この世に生を受けて、阿弥陀如来の世界があることを知ったものは、何を置いても、ただちにその世界に生まれようと願うがよい。それはなぜだろうか。私のようなものはもう駄目だと思い込んでいる人でも、間違いなく、明るい生き生きとした人生を歩む人たちの仲間入りができるからである。舎利弗よ、欲望の目で汚染されているこの世にあっては、どんなに努力してよい行ないを積み重ねても、どんな素晴らしい飾りを身につけて誇ることができても、そんなことでは絶対に明るい生き生きとした人生を約束する阿弥陀如来の世界へ生まれることはできないのだ。

意味のある人生を歩め

舎利弗よ、この世の見せかけの幸せに満足できない、素晴らしい若者たちが、阿弥陀如来の明るい願いが込められた南無阿弥陀仏の教えを聞き、ただひたすらに、一日、二日、三日、四日、五日、六日、そして七日と、その教えに育てられて行く身になれば、その人の命終わるとき、阿弥陀如来とその世界に目覚めた人たちは、声を揃えて「この人の人生は本当に明るい生き生きとした生涯であった」と心からたたえるに違いない。だからこそその人たちは、命終わるとき、「私の生涯はこれで十分であった」と、心から喜び、阿弥陀如来の極楽浄土の人となることができるのである。舎利弗よ、私はこのような素晴らしい体験を得たので、心から勧めずにはいられないのだ。「誰でも御縁があって、この教えを耳にしたものは、ただちに阿弥陀如来の明るい世界に生まれようと願うがよい」と。

諸仏の証誠・六方段　順境逆境すべて学習の場になっているか?

若いときから教えを聞け〈東方世界〉

舎利弗よ、この世の常識では思いも及ばない阿弥陀如来の明るい世界を、手放しで喜びたたえているのは、私一人ではないのだ。若々しく夢と希望に燃え、これから陽が昇ろうとしている東方の世界にあって、いかなる逆境にもくじけない阿閦鞞仏《あしゅくびぶつ》、理想の旗印を掲げて精進する須弥相仏《しゅみそうぶつ》、修行に専念して大きな山のように落ち着いた心に住する大須弥仏《だいしゅみぶつ》、光輝く明るい眼で何不自由ない生活を送る須弥光仏《しゅみこうぶつ》、美しい声で真実を歌い称讃の眼を一身に受ける妙音仏《みょうおんぶつ》、このようなガンジス河の砂の数ほどの目覚めた人たちが、あたかも世界中を覆うかのような、大きな舌をふりしぼって叫ばずにはいられないのだ。「幻の幸せの追求に何の疑いも持たぬ者よ。阿弥陀如来の世界の素晴らしさに気づいたすべての目覚めた仲間たちが、心から勧めるこの南無阿弥陀仏の教えに今ただちに耳を傾けよ」と。

幸せなときこそ、人生の原点を忘れるな〈南方世界〉

舎利弗よ、陽が昇りきってこの世の最盛期を迎えている南方の世界にあって、回りを明るくする太陽の光と、自分の姿を映し出す月の光とを一身に受け止めている日月燈仏《にちがつとうぶつ》、目覚めた人の明るい御名をいつも忘れない名聞光仏《みょうもんこうぶつ》、火のように燃えに燃えて惨めな生活を吹き飛ばす大焰肩仏《だいえんけんぶつ》、黄金の光のような徳を備えてみんなに尊敬される須弥燈仏《しゅみとうぶつ》、努力に努力を重ねて着実に理想を実現していく無量精進仏《むりょうしょうじんぶつ》、このようなガンジス河の砂の数ほどの目覚めた人たちが、あたかも世界中を覆うかのような、大きな舌をふりしぼって叫ばずにはいられないのだ。「見せかけの幸せに酔いしれる者よ。阿弥陀如来の世界の素晴らしさに気づいたすべての目覚めた仲間たちが、心から勧めるこの南無阿弥陀仏の教えに今ただちに耳を傾けよ」と。

人生の下り坂からが勝負〈西方世界〉

舎利弗よ、すべての者が帰り行くあの夕日の沈む西方世界にあって、すべての人々に本当の生き甲斐を与えようと願う無量寿仏《むりょうじゅぶつ》、種々の姿、形となって悩める者の支えとなろうと願う無量相仏《むりょうそうぶつ》、無数の明るい旗印を掲げ、暗い心に閉じこもる人を誘う無量《むりょう》幢仏《どうぶつ》、悩める者の心の灯火《ともしび》となろうと誓う大光仏《だいこうぶつ》、明るい心で運命の暗さを嘆くものを導く大明仏《だいみょうぶつ》、美しい姿で現われ、ごまかしの人生を厳しく問う宝相仏《ほうそうぶつ》、清らかな心で濁った心を洗う浄光仏《じょうこうぶつ》、このようなガンジス河の砂の数ほどの目覚めた人たちが、あたかも世界中を覆うかのような大きな舌をふりしぼって叫ばずにはいられないのだ。「私のような者には、どう考えても明るい未来はないと、運命を嘆く者よ。阿弥陀如来の世界の素晴らしさに気づいたすべての目覚めた仲間たちが、心から勧めるこの南無阿弥陀仏の教えに今ただちに耳を傾けよ」と。

絶望のときこそ、明るい世界への最短距離〈北方世界〉

舎利弗よ、陽が沈み、あたりが真っ暗になって、冷え冷えとする北方世界にあって、大きな炎となって明るい心を見失わないようにする焔肩仏《えんけんぶつ》、優れた音色で暗い心を和める最勝音仏《さいしょうおんぶつ》、どんな悲しい境遇にも負けることのない難沮仏《なんそぶつ》、明るい太陽の光のように輝いて諦め切った人々に勇気を与える日生仏《にっしょうぶつ》、光の網でどんな人ももらさず救い上げる網明仏《もうみょうぶつ》、このようなガンジス河の砂の数ほどの目覚めた人たちが、あたかも世界中を覆うかのような大きな舌をふりしぼって叫ばずにはいられないのだ。「私はもう駄目だと、殺伐とした心に縛られている者よ。阿弥陀如来の世界の素晴らしさに気づいたすべての目覚めた仲間たちが、心から勧めるこの南無阿弥陀仏の教えに今ただちに耳を傾けよ」と。

自分の足元を見よ〈下方世界〉

舎利弗よ、私たちがふだん気にも止めていない足元の下方世界にあって、目覚めた人の教えを自分勝手に解釈して軽率な批判をする者を、一喝のもとに退ける師子仏《ししぶつ》、目覚めた人の名を広めようと黙々と働き続ける名聞仏《みょうもんぶつ》、目覚めた人の名によって、暗い心をときほぐそうとする名光仏《みょうこうぶつ》、理屈の世界に閉じこもることなく、常に真実を見失わない達摩仏《だつまぶつ》、教えの旗印を掲げて、自分の偽りの姿をごまかさずに捉えて行く法幢仏《ほうどうぶつ》、明るい眼でどんな誘惑にも動じることのない持法仏《じほうぶつ》、このようなガンジス河の砂の数ほどの目覚めた人たちが、あたかも世界中を覆うかのような大きな舌をふりしぼって叫ばずにはいられないのだ。「欲望の眼でしか生きられない者よ。阿弥陀如来の世界の素晴らしさに気づいたすべての目覚めた仲間たちが、心から勧めるこの南無阿弥陀仏の教えに今ただちに耳を傾けよ」と。

お前の幸せはまだ偽物〈上方世界〉

舎利弗よ、私たちが望んでいるこの世の理想の境地、上方世界にあって、尊い音色の説法で幻の幸せを破る梵音仏《ぼんのんぶつ》、夜空にきらめく星の姿となって、人々を目覚めた世界に誘う宿王仏《しゅくおうぶつ》、美しい香りを放ち、目先の幸せにとらわれる愚かさを気づかせる香上仏《こうじょうぶつ》、どんなみすぼらしい生活も、香りに充ちた生き生きとした毎日に変える香光仏《こうこうぶつ》、炎のように燃えて惨めな生活から立ち上がる大焰肩仏《だいえんけんぶつ》、宝石の蓮の花のように汚れを知らない雑色宝華厳身仏《ざっしきほうけごんしんぶつ》、尊い娑羅樹のように何物にもわずらわされることのない娑羅樹王仏《しゃらじゅおうぶつ》、美しい蓮の花を開いて泥沼をも光に変える宝華徳仏《ほうけとくぶつ》、形にとらわれず本質を見失うことのない見一切義仏《けんいっさいぎぶつ》、尊い山のような幸せの極致を体験した如須弥山仏《にょしゅみせんぶつ》、このようなガンジス河の砂の数ほどの目覚めた人たちが、あたかも世界中を覆うかのような大きな舌をふりしぼって叫ばずにはいられないのだ。「自分が考えている理想の世界を、目覚めた人の世界だと錯覚するものよ。阿弥陀如来の世界の素晴らしさに気づいたすべての目覚めた仲間たちが、心から勧めるこの南無阿弥陀仏の教えに今ただちに耳を傾けよ」と。

現当の利益　南無阿弥陀仏一つで生きられるか?

生き生きとした人生は、教えを聞くことから

舎利弗よ、そなたはどう思うだろうか。なぜこの南無阿弥陀仏の教えが、「すべての目覚めた仲間たちが心から勧める教え」なのであろうか。舎利弗よ、もしこの世の見せかけの幸せに満足できない素晴らしい若者たちがいて、この目覚めた人たちが心からたたえる南無阿弥陀仏の名号にめぐりあい、その教えに育てられる身となるならば、その素晴らしい若者たちは、みんな目覚めた人たちの導きによって、もう二度と見せかけの幸せに躍らされて迷うことのない、明るい生き生きとした人生を歩む身となるであろう。

だからこそ舎利弗よ、そなたたちはみな今ただちに、私が説き、目覚めた人たちが心から勧める、この南無阿弥陀仏の教えに耳を傾け、育てられるがよい。舎利弗よ、過去、現在、未来、いずれの時にあっても、阿弥陀如来の明るい眼に触れ、すでに教えに育てられる身となり、あるいは今、南無阿弥陀仏の教えとめぐりあい、あるいはいつの日かこの教えと御縁を結ぶ人たちは、全て間違いなく明るい生き生きとした人生を歩み、二度と迷いの世界に戻ることのない身となるのだ。すでに阿弥陀如来の世界に生まれた者は、私たちの心の灯火となっており、私たちは今、明るい生き生きとした生涯を終えた先輩の足跡をたどり、やがてこの教えと御縁を結ぶ人たちも、間違いなくこの素晴らしい人生を体験するに違いない。だからこそ舎利弗よ、この世の見せかけの幸せに満足できない素晴らしい若者たちは、南無阿弥陀仏の御名を聞いて、その教えに育てられるならば、阿弥陀如来の明るい眼の働きによって、必ず阿弥陀如来の生き生きとした世界に向かって、新鮮な人生を踏み出すに違いないのだ。

諸仏の互讃　聞こえない偉い人になってはいないか？

目覚めた先輩の声を聞け

舎利弗よ、私が今、目覚めた人たちのこの世の常識では考えられないような明るい生き生きとした姿を誉めたたえるように、その目覚めた人たちもまた同じように、私の明るい姿を誉めたたえているのである。「釈尊は、この世の人々には思いも及ばない難しい仕事をよくぞ成し遂げられた。この世はもうどうにもならない濁り切った世界なのだ。私たちの願いがいつも踏みにじられる時代の濁り。みんな自分が正しくて人が間違っていると思い込んでいる思想の濁り。自分の都合のいいようにしか物事を見ることができない欲望の眼の濁り。みんなのことを考えず、自分の目先の利害にだけこだわる社会の濁り。命の尊さを忘れ、空しい人生をさまよう姿勢の濁り。そんなどうにもならない人の世にあって、よくぞこの上ない明るい生き生きとした人生を見出し、見せかけの幻の幸せを追う人々のために私たちの思いも及ばない教えを説かれたのは、何と素晴らしいことだろう」と。

舎利弗よ、よく耳を澄ませて聞くがよい。この目覚めた人たちの言葉のように、私は今このどうにもならないこの世の濁りの中で、この難しい仕事を成し遂げ、この上なく明るい生き生きとした人生を歩ませていただく身になったので、暗い運命を嘆く全ての人たちのために、この思いがけない南無阿弥陀仏の教えの素晴らしさを説くことになった。だが、さまざまな知識に汚染され、自分が偉い人間にでもなったかのような錯覚に陥っているそなたたちが、この「駄目な人は一人もいない」という阿弥陀如来の明るい眼が込められた南無阿弥陀仏の教えを素直に受け止めることは、この上ない難しいことに違いない。

＊流通分　私に教えを聞く喜びがあるか？

生きる喜びの表現、合掌、礼拝

釈尊が、この教えを説き終わった時、舎利弗尊者を始めとする大勢のお弟子たち、並びに生きとし生けるものはみな、この世では幸せそうな人も、惨めな境遇を嘆く人も、さらに釈尊に背を向けていた鬼のような冷たい心の持ち主までが、目覚めた明るい眼に触れて生きる喜びを嚙み締めながら、合掌礼拝し、明るい顔でそれぞれの生活の場に帰って行くのであった。

おわりに

親鸞さまの教えに親しみ、親鸞さまと同じ道を歩もうとする人は沢山いる。だが不思議なことに、親鸞さまがその一生をかけて、「私のための教え」として聞き開かれた浄土の経（まず『観無量寿経』、次に『阿弥陀経』、そして、その根源の教え『大無量寿経』）を、始めから最後まで、読み（聞き）通す人はあまりいないのではないか。法要の儀式の一つとして漢訳の経典を音読し、丸覚えしている人や、どういう経典で、どういう内容が語られていると、人から聞きかじった人は多いのだが、なぜか一言一句、聞き通す人は少ないのである。だからどんなに教えを聞いても、いつも同じところをぐるぐる回っていて、その核心がぼやっとしているのではないか。おいしい御馳走が用意されているのに、その御馳走の回りをぐるぐる回って観察ばかりしていて、味がわからない、素晴らしさがわからないと、愚痴をこぼしているのと同じではないか。

だが、浄土真宗はみんなの教えだと言われているのに、真宗聖典をひもといても、あまりにも難しすぎるのではなかろうか。教えは、素晴らしい、素晴らしい、と言われているのに、実際には、冷凍庫の中でコチコチに凍っていて、茶の間の食卓に現われていないのである。だから、お経はなんだか訳の分からないものになってしまって、死んだ人の追善供養のお呪《まじな》いに使われてしまう。

たしかに命がけで真実を表現した先輩たちの、洗練された選び抜かれた言葉を、私たちが安易に分かる言葉に直すならば、本物とは似ても似つかない、汚染された言葉になってしまう危険性は十分にある。だが、一方そうしなければ、大多数の人には教えは無縁なものとなってしまうという事実があるではないか。

とにかく教えに出会うことができたものは、私はこのように受け止めましたと、表現してみる必要があるのだ。それはあるいは間違っているかもしれない。だが間違っていたらそれを叩き台にして、みんなで真実を明らかにして行けばよいではないか。

『観無量寿経』は、特に初めて仏法と御縁を結ぶのにふさわしい教えである。その教えが、難解な書物だと言って、みんなが近づかないのは、まことに残念なことと言わなければならない。

また、せっかく御縁をいただいたのに、教えを学んで行くうちに、何もかも分かったようなつもりになって、偽の浄土、仮の浄土をさまよう私たちを、真実の浄土への道に引き戻そうと、『阿弥陀経』が私たちの座右にあって、呼びかけられているではないか。毎日、法要のたびにこのいのちの書をひもといていながら、その切なる心の声を聞かなければ、私たちは永遠にさまよわなければならない。

ここに記したのは、私がいただいた『観無量寿経』、『阿弥陀経』である。独断的表現も多く、間違いもあるに違いない。しかし、親鸞さまがその一生をかけて聞き開かれたこの教えが、名実ともにみんなに親しまれる教えになるためのワンステップにしていただければ幸いと思う。

最後にこのような未熟な、型破りの表現で埋まっている書物の出版を、快く引き受けてくださった法藏館に謝意を表し、筆を置くことにする。

一九九〇年一月

高松信英

高松信英（たかまつ　しんえい）
1934年　長野県に生まれる
1957年　東京教育大学教育学部卒業
1964年　大谷大学大学院修士課程修了
現在　学校法人高松学園理事長，飯田女子短期大学学長，真宗大谷派善勝寺前住職。
著書　『現代語訳大無量寿経』（法藏館），『現代語訳蓮如上人御一代記聞書』（法藏館），『雑草の輝き―歎異抄に学ぶ』（東本願寺出版部），『生の讃歌―正信偈に学ぶ』（東本願寺出版部），『お文さま―真宗の家庭学習』（東本願寺出版部）他。

現代語訳　観無量寿経・阿弥陀経
――浄土への誘い――

一九九〇年五月二〇日　初版第一刷発行
一九九八年二月二三日　初版第四刷発行
二〇〇〇年四月一〇日　新装版第一刷発行
二〇一一年七月二五日　新装版第六刷発行

著　者　高　松　信　英
発行者　西　村　明　高
発行所　株式会社　法　藏　館
六〇〇-八一五三
京都市下京区正面通烏丸東入
電話　〇七五(三四三)五六五六
振替　〇一〇七〇―三―二七四三

印刷　中村印刷　製本　清水製本所

ISBN 978-4-8318-4038-7 C0015

現代語訳 大無量寿経	高松信英著	一、六〇〇円
現代の聖典 蓮如五帖御文	細川行信他著	三、〇〇〇円
現代の聖典 親鸞書簡集 全四十三通	細川行信他著	二、二〇〇円
正信偈62講	中村 薫著	一、八〇〇円
阿弥陀経が聞こえてくる	戸次公正著	一、六〇〇円
四十八願講義	金子大榮著	一、八四五円
歎異抄講義 上	三明智彰著	二、八〇〇円
対訳勤行集 阿弥陀経	和田真雄編	二八〇円